KB048216

촛불 이후 한국사회의 행방

왜 민주주의는 여전히 미완성인가?

촛불 이후 한국사회의 행방

초판 1쇄 인쇄 2019년 5월 13일
초판 1쇄 발행 2019년 5월 20일

지은이 강수돌
펴낸이 정해종

책임편집 김지환
마케팅 고순화
디자인 디자인View, 윤미정
경영지원 이은경
제작 정민인쇄

펴낸곳 ㈜파람북
출판등록 2018년 4월 30일 제2018-000126호
주소 서울특별시 마포구 양화로12길 8-9, 2층
전자우편 info@parambook.co.kr **인스타그램** @param.book
페이스북 www.facebook.com/parambook/ **네이버 포스트** m.post.naver.com/parambook
대표전화 (편집) 02-2038-2633 (마케팅) 070-4353-0561

ISBN 979-11-90052-02-3 03300
책값은 뒤표지에 있습니다.

이 도서의 국립중앙도서관 출판시도서목록(CIP)은 서지정보유통지원시스템 홈페이지(http://seoji.nl.go.kr)와 국가자료공동목록시스템(http://www.nl.go.kr/kolisnet)에서 이용하실 수 있습니다.(CIP 제어번호: CIP2019018551)

왜 민주주의는 여전히 미완성인가?

촛불 이후 한국사회의 행방

강수돌 지음

파람북

차례

제3장 공공성의 가치

제4장 생동성의 가치

프롤로그

왜 민주주의가 답인가?

2019년 첫날부터 민주주의 논쟁(?)이 있었다. 1960~70년대의 박정희에 이어 1980년대 군부 독재의 상징(1980년 5월의 광주 학살범)이 되었던 전두환을 그 부인이 ('가짜뉴스' 생산자 중 하나인) 《뉴스타운》 인터뷰에서 "민주주의의 아버지"라 했기 때문이다. 대통령을 '1번만' 하고 물러났다는 게 그 근거다. 얼마 전 나는 광주 민주항쟁의 현장(도청~금남로~광주역)을 걸으며 그날의 함성과 아우성을 가슴으로 들으며 마음으로 눈물을 흘렸다. 동시에 저 수구 집단들의 '역사 세탁' 시도에 화가 치밀었다.

이 책은 그 제목과는 달리 정치학책이 아니다. (정치나 경제, 노동과 교육 등 모든 면에서) 우리나라 민주주의가 더는

'가짜'가 아니라 진짜가 되기를 바라는 간절함에서 쓴 시민 교양서다. 내가 이 책을 펴내는 이유는 이렇다.

첫째, 우리가 민주주의民主主義를 '민民이 주인 되는 사회'로 이해할 때, 여전히 우리는 노예 쪽에 가깝게 산다. 고대 노예제처럼 지금의 자본제 사회에서조차 대다수 사람은 임금 종속적으로 산다. 한때 어느 재벌 회장이 직원들을 '머슴'이라 한 것도, 또 최근에 재벌 가족의 '갑질' 행동들이 문제 된 것도 모두, 여전히 일하는 사람을 노예로 본다는 이야기다. 평민이 존중받는 세상이 곧 민주주의이기에, 이 책은 99%가 주인으로 사는 세상을 꿈꾼다.

둘째, 통상적으로 민주주의를 말할 때, 절차(과정)와 실체(내용)를 중시한다. 투표나 합의가 절차 민주주의를 상징한다면, 민생과 복지는 실체 민주주의를 상징한다. 이 책은 현재 우리나라가 절차나 실체 민주주의 양 측면에서 아직 갈 길이 멀다고 본다. 이런 면에서 이 책은 공정성이나 공공성 측면에서 어떤 부분이 어떻게 바뀌어야 할지 같이 생각해 보려 한다.

셋째, 흔히 자유민주주의liberal democracy를 민주주의라 하지만, 이는 '가짜'다. 왜냐면 그것은 중세 봉건제에서 근대 자본제로의 이행기에 봉건 귀족이나 왕권을 타도하고 신흥 자본가(상공인) 계급의 이익만 대변했기 때문이다. 즉 자유민주주의란 돈벌이의 자유를 추구하는 자본 계급의 이념이다. 따라서 자유민주주의가 아무리 절차와 실체의 양면에서 완성되더라도, 그것은 자본 계급이나 그 대변자(정치) 계급을 위한 것에 그친다. 따라서 보통사람들인 우리 시민이 참 주인이 되는 진짜 민주주의를 위해선 자유민주주의를 넘어서야 한다. 그 대안을 나는, 사람과 자연의 생명력이 살아 있는, 생동성vitality 민주주의라 부른다.

과연 이 생동성 민주주의vitality democracy는 어떻게 가능한가? 진짜 민주주의는 민초들이 살 만한 세상이다. 그것은 자본의 힘이 아니라 평민demos의 힘cratos이 존중되는 세상이다. 이런 면에서 새 민주주의는 권력power 개념을 새롭게 정의한다. 그것은 권력을 더 이상 결정권(영향력)으로 보는 것이 아니라 시민적 역량(자율성)으로 보는 것이다. 시민의 힘, 평민의 힘이 민주주의의 핵심이다. 여기서 정치가, 행정가는 민초 위에 군림하는 통치자가 아니라 민초들의 일상적 행복을 위해 헌신하는 봉사자다. 이것이 생동성 민주주의다.

여기서 중요한 것은 민초 자신이 민주화해야 한다는 점이다. 이것은 독일 프랑크푸르트학파 허버트 마르쿠제Hetbert Marcuse가 "노예 해방을 위해서는 먼저 자기부터 해방되어야 한다"고 한 것과 같은 이치다. 나부터 생동성과 민주성을 획득하기 시작해야 온 사회의 민주화도 가능하다.

이를 위해 우리 평민들은 기존의 엘리트주의, 전문가주의, 시장만능주의, 가부장주의, 황금만능주의, 기술만능주의, 중앙집권주의, 국가주의, 물산주의 등을 모두 넘어가야 한다. 달리 말해, 더 이상 상품과 화폐, 노동과 경쟁, 권력과 시장, 과학과 기술이 우리 삶을 결정하게 내버려 두어선 안 된다. 중요한 것은 모든 변화가 현재에서 출발해 미래로 나아가야 하기에, 삶의 모든 영역에서 공정성, 공공성, 생동성을 고양해 나가는 것이 우리의 과제란 점이다. 나부터 출발하되 더불어 완성해야 한다.

사회 전반의 민주주의 문제를 생명가치의 관점에서, 즉 자본가치 비판의 관점에서 새롭게 탐구하게 된 것은, 독일

브레멘대학교의 은사恩師 홀거 하이데Prof. Dr. Holger Heide 교수에 힘입은 바 크다. 마침 그가 만 80세를 맞은 해에 이 책이 나와 더욱 기쁘다.

모쪼록 이 책이 '헬조선'을 넘어 '해피 코리아'로 이행하는 데 작은 디딤돌이 되기를 소망한다. 이 책을 내는 데는 《경향신문》, 《녹색평론》 등의 다양한 글을 꼼꼼히 편집해준 오랜 친구들(김관호, 김지환)의 공이 컸다. 파람북 출판사의 정해종 대표님에게도 감사의 말을 전한다. 진정한 민주주의를 함께 갈망하는 당신의 행복을 기도한다.

2019년 4월 19일

고려대 세종캠퍼스 강수돌

제1장

무엇이 민주주의인가?

왜 민주 정부가 와도 민주주의는 미완성인가?

코이너Keuner라 불리는 철학자가 있었다. 어느 날 그는 한 강당에서 대중을 상대로 '폭력 문제에 대처하는 법'이란 주제의 강연을 했다. 그런데 한창 강연하던 중에 그를 주목하던 사람들이 이상하게 고개를 돌리며 뭔가 피하는 듯했고, 심지어 일부는 조용히 자리를 떠났다. 웬일인가 싶어 그는 주변과 뒤를 돌아보았다. 놀랍게도 '폭력'이란 존재가 코이너 씨 뒤에 서 있는 게 아닌가?

–베르톨트 브레히트, 「생각이 실종된 어느 날」 참조

폭력이 코이너 씨에게 물었다. "당신, 지금 뭐라고 강의했지?"

뭔가 찔린 듯한 코이너 씨가 즉흥적으로 말했다. "폭력이란 게 참 좋은 거라 했지요."

나중에 코이너 씨가 강당을 나가려 하자 청중 한 명이 그에게 항의하듯 '도대체 당신은 줏대가 있느냐?'고 물었다. 이에 코이너 씨가 답했다. "나는 원래 줏대가 없어요. 그러니 아무도 나를 무너뜨릴 수도 없죠. 다만 나는 폭력보다 더 오래 살아남기만 하면 되지요."

이어서 코이너 씨는 에게Egge 씨에 관해 이야기해주었다.

이런 이야기다. 뭔가 마음에 들지 않으면 '아니오'라고 말하기를 배운 E씨의 집에 어느 날 불청객이 들이닥쳤다. 때는 온 세상에 불법이 활개를 치던 시기였다. 그 불청객은 그 도시를 지배하던 권력자가 발행해준 명령서 같은 걸 E씨 코앞에 내밀었다. 그 명령서에는 이렇게 씌어 있었다. '이 명령문을 가진 자가 들어서는 집은 무조건 그의 소유가 된다.' '무슨 음식이건 그가 요구하면 그의 것이 되고 마음대로 먹을 수 있다.' '그가 만나는 사람은 무조건 그의 하인이 되어야 한다.'

그 불청객은 이 터무니없는 명령문을 보여준 뒤 무턱대고 아무 의자에나 앉았다. E씨에게 음식을 가져오라 요구했고 목욕까지 마음대로 했다. 그러고는 침대에 벌렁 누웠다. 벽을 보면서 졸리는 눈으로 물었다. "내 하인이 되겠는가?"

E씨는 아무 말 없이 그에게 이불을 덮어주었다. 파리나 모기도 쫓아내면서 잠자는 그를 잘 경호했다. 그런 식으로 그는 무려 7년 동안 그의 하인 노릇을 했다. 그런데 E씨가 이 불청객을 위해 모든 걸 다 해주면서도 단 한 가지만은 참았다. 어느 특정한 한 단어를 내뱉지 않고 참은 것이다.

그렇게 7년이 흘렀고 그사이 불청객은 아무 일도 않고 명령만 하면서 너무나 잘 먹고 잘 잔 나머지, 살이 지나치게 많이 쪘다. 마침내 그는 비만과 고혈압으로 죽고 말았다.

그가 죽자 E씨는 그 시체를 낡은 포대기에 둘둘 말아 집 밖으로 내던졌다. 그러고는 집 안 청소를 깨끗이 하고 사방의 벽도 말끔히 새로 칠했다. 그 뒤 그는 숨을 깊이 들이쉬고 마침내 그간 꾹꾹 참았던 한마디를 시원하게 내뱉었다.

'노우!'

이 이야기는 독일의 세계적 극작가 베르톨트 브레히트(1898~1956)가 썼는데, 다양하게 해석할 수 있고 다양한 의미를 내포한다. 내가 보기에 이런 점들이 중요하다.

첫째, 코이너 씨가 강연한 내용과 실천한 내용이 다르다는 점에서, 브레히트는 지행합일을 강조한 것 같다. 바르게 생각하고 또 '바르게 살기'란 참 힘든 일이다. 그럼에도 그렇게 살려고 노력하는 사람들이 아름다운 법이다.

둘째, 코이너 씨의 전략, 즉 폭력과 직접 싸우기보다는 일단은 순종하면서 더 오래 살아남으려는 전략은 생활生活이 아니라 생존生存에 초점을 맞춘다. 생활의 핵심이 자유의지라면 생존의 핵심은 순종의지다. 내면(영혼)의 자유를 갖고 활기차게 사는 것이 원래 의미의 생활(삶)이라면, 산 것도 죽은 것도 아닌 좀비 같은 것이 생존이다. 이 문제는 오늘날 우리 모두에게 '과연 나는 어떻게 사는가?'라는 성찰적 질문을 던진다.

셋째, E씨가 보여준 모습, 즉 엄청난 권력을 가진 불청객에게 맞서 싸우거나 아니면 도망가기보다는 살기 위해 순종하는 모습은 오늘날 우리 대다수의 모습을 상징한다. 그것은 폭력적 힘을 가진 강자 앞에 순종하고 복종하면서 그럭저럭 하루하루를 연명하는 약자들 또는 중간층의 모습이다. 그러나 이렇게 사는 사람들이 사회의 대다수를 차지하면, 참된 민주주의의 구현은 요원하다. 오히려 독재정치, 파시즘 체제가 모든 사람을 옥죈다.

넷째, 그럼에도 E씨는 마지막에 한마디를 내뱉는다. "노우!" 이 말은 그가 겉으로는 엄청난 폭력 앞에 두려워 순종하면서도 '마음속'에서만은 절대 굴복하지 않았다는 점을 드러낸다. '영혼의 자유'다! 물론 때늦은 감이 없진 않다. 그럼에도 '노우!'라고 말하는 힘이 내면에서나마 살아 있어

다행이다. 조지 오웰의 『1984』에도 나오듯, 외형적 복종보다 더 무서운 것은 내면적 굴복이다. 설사 외형적으로 순종하더라도 마음속에서만큼은 자유의지를 가지고 저항하면서 대안을 꿈꿀 수 있다면, 그나마 희망의 싹은 있다. 그러나 많은 경우, 우리는 마음속에서조차 이미 지배자 또는 폭력적 권위 앞에 굴복하고 만다. 그래서 이렇게 말한다. "다른 대안이 있나요?" "그렇게 해봤자 아무 소용없어요." "그저 남들 하는 대로 갈 뿐이지요."

다섯째, 그런 내면의 자유의지를 가진 E씨는 폭력적 불청객보다 다행스럽게 오래 살아남았다. 그러나 슬프게도 E씨를 지배한 것과 같은 폭력은 우리 삶의 현실에서는 절대 '저절로' 죽지 않는다. 이야기 안에서 그 불청객은 너무나 편히 산 나머지 오히려 일찍 죽었다. 그나마 다행이다. 그런 식으로 개별 정치가나 독재자, 기업가는 사라질 수 있다. 하지만 지금 문제가 되는 것은 폭력을 내재한 (자본의) 정치경제 시스템이다. 이것은 결코 몇 년 안에 죽지 않는다. 설사 경제위기나 금융위기 때처럼 죽을 징조가 보이기만 하면, 정치경제 기득권층이 온갖 논리로 민중에게 갖은 희생을 강요하며 시스템을 다시 살려낸다. 더구나 다수 대중은 (착각 속에서) '금 모으기 운동' 같은 '경제 살리기' 캠페인을 통해 그 시스템을 '자발적으로' 살려낸다. 그런 방식으로 대중은 폭력을 내재한 시스템을 지속한다.

그래서 우리는 브레히트가 끝낸 이야기에 이어 더 긴 이야기를 찬찬히 이어가야 한다. E씨나 코이너 씨가 보여준 '생존' 전략을 넘어, 바로 지금/여기부터 우리가 무엇을 어떻게 해야 제대로 된 '생활' 전략을 실천할 수 있을지, 그런 이야기를 하나씩 이어가야 한다.

그런데 어떤 경우에도 가장 핵심은 '영혼의 자유'를 지키는 일이다. 지배층에게 가장 유리한 것은 우리의 패배 자체보다 우리가 패배감과 피해 의식에 젖는 것이다. 패배 그 자체는 재기再起를 노리게 하지만, 패배의식은 재기의욕을 죽이기 때문이다. 절망하지 않는 것이 곧 희망의 근거다. 또 좋은 대통령이 나와 아무리 좋은 사회제도를 만들더라도 민중이 '영혼의 자유'를 상실한다면 말짱 도루묵이다. 민주 정부가 와도 민주주의가 미완성인 까닭이다. 특히 자본에 장악당한 영혼의 자유를 되찾기, 바로 이게 핵심이다.

이 영혼의 자유 되찾기는 민중의 과제이기도 하지만, 바로 그 민주 정부의 과제이기도 하다. 왜냐하면 민주 정부 자체가 이미 자본을 내면화하고 있다면, 참된 민주주의를 이룰 역량 자체가 부족할 뿐 아니라 오히려 영혼의 자유를 찾으려는 민초들을 억압할 것이기 때문이다.

전문가들이 망가뜨린 민주주의

늘 그렇지만, '뉴스 보기가 겁난다.' 건설토목 전문가들에 의해 4대강 사업이 강행된 뒤 22조 원짜리 녹조 라테가 나왔고, 회계 전문가들이 수치를 조작해 2,600명 이상의 쌍용차 노동자를 해고하거나 대우조선해양의 부실을 조장했으며, 지질 전문가들의 도움으로 (돈으로 경쟁까지 시켜) 활성단층 위에 핵발전소와 핵폐기장을 지었다.

문재인 정부 3년 차에 접어든 2019년 1월 29일, 정부가 24조 원 규모의 토건국가 건설을 공표했다. 지역경제 활성화와 균형 발전 명분으로 예비타당성조사까지 면제하겠단다. 건물들은 100층 이상으로 높이높이 올라가고, 철도, 도로, 공항, 병원, 산업단지 등을 다다익선으로 확대한다. '경제' 전문가들이 '정치' 전문가를 농락한다. 독재 정부는 물론 민주 정부 뒤에도 역시 자본(의 무한 이윤 욕망)이 있다! 바로 이것이 각종 전문가를 통해 온갖 작품을 만들어낸다. 이런 걸 포장 전문가들이 '창조경제'라 포장했던가?

영화 〈자백〉에 나오듯 국가정보 전문가들에 의해 간첩이 만들어지고, 선박 전문가들에 의해 세월호 같은 엉터리 배가 안전 검사를 통과했으며, 노동 전문가라는 자들이 컨설팅을 한답시고 노조 파괴 시나리오를 짜고, 법률 전문가들이 헌법과 노동법을 농락하며, 군사 전문가들은 분단을 무기 삼아 방산 비리를 저지른다. 또 전문 지식을 가진 교수들이 특정 인사의 자녀에게 특혜를 베풀거나 가습기 살균제 및 치약 등의 유해성을 조작했고, 최고 의료 전문가가 공권력에 의한 백남기 어른의 죽임을 병사病死라고 기만해 온 세상을 놀라게 했다. 이런 일들이 뉴스를 압도하니 어떻게 뉴스 보기가 겁나지 않을 수 있는가?

"나라꼴이 이렇게 된 것은 과연 국가권력의 무지몽매한 전횡에만 그 원인이 있을까? 무엇보다 큰 책임은 능동적이든 소극적이든 불의한 권력 행사를 음으로 양으로 뒷받침해온 지식인·전문가·과학자들에게 있다."《녹색평론》 발행인 김종철 선생의 일갈이다.

평소에 우리는 아이들에게도 '전문가'가 되라고 곧잘 권한다. 텔레비전이나 신문에도 '전문가'들이 판을 친다. 도대체 전문가란 무엇인가? 그리고 우리는 어떻게 살아야 하는가?

학문적으로는 석·박사를 하고, 실무적으로는 한 분야에서 10년 이상 경험을 쌓은 사람을 흔히 전문가라 한다. 그러나 과연 이것만으로 참된 전문가라고 할 수 있으며, 나아가 이런 전문가들이 언론이나 정치경제를 좌지우지하는 것이 옳은가?

여기서 나는 이반 일리치(1926~2002)의 『전문가들의 사회』를 떠올린다. 일리치 선생은 전문가들이 전문 지식을 바탕으로 사회에서 자신들의 권력과 이익을 강화해왔다고 비판했다. 전문가들 앞에 일반인들은 그저 '고객'으로 전락하고, 국가는 그들의 돈벌이를 돕는 '기업'으로 전락해버렸다. 오랜 시간이 지나면 사람들은 삶을 주체적·협력적으로 영위할 수 없다. 자녀 교육은 학교나 학원에 맡겨야 하고, 몸이 아프면 무조건 병원에 가야 하고, 기업 경영에 대한 분석과 평가는 무조건 회계사들에게 맡겨야 한다. 그래서 일리치 선생은 전문가의 시대가 '인간을 불구화'한다고 진단한다.

그렇다. 우리는 불구자가 되었다. 매일 열심히 살지만, 어떻게 사는 것이 제대로 잘사는 것인지 모른다. 누군가 텔레

비전에 나와 '100세 시대를 살려면 10억을 모아야 한다'라는 식으로 말하면, '아 그런가 보다' 하며 노동시장을 찾고 야근과 특근도 마다치 않는다. 또 누군가 언론에 나와 '이런 학교를 다니고 이런 학원을 다녔더니 성공했다'고 하면 그 학교나 학원으로 득달같이 몰려간다. 의학 전문 박사가 수술이나 치료를 잘한다고 하면 또 우르르 몰린다. 시장에 나오는 대부분 상품은 실은 전문가들이 고안한 대량 생산의 결과물이다. 이제 우리는 전문가들의 상품을 사려 앞다투어 몰려다닌다. 스스로 생각할 줄도 모르고 더불어 뭔가 만들 줄도 모르는, 삶의 불구자 시대가 곧 전문가 시대다.

그렇다면 과연 우리 사회는 어떻게 해서 전문가들의 지배를 순순히 용인하게 되었는가? 여러 설명이 가능하겠으나 여기서는 세 가지만 지적하고 싶다.

첫째, 전문가들이 가진 지식이나 정보, 기술이나 경험이 곧 권력이 되었기 때문이다. "아는 것이 힘이다!" 물론 그런 지식과 정보, 기술과 경험을 얻는 과정에는 시간과 돈, 노력이 필요하다. 일부 예외도 있지만, 대체로 (조)부모의 경제적 도움이 절대적이다. 그래서 대대로 부가 전문성으로 전승되었고, 일제 치하와 미군정을 거치면서도 오히려 부의 대물림은 공고화했다. 친일 매판 세력 중에 재벌이 많이 나왔고, 이들이 독재 권력과 결탁하면서 더 강고한 지배

블록을 구축했다. 정치경제적 지배 집단은 늘 지식인이나 과학자, 전문가를 내세워 그들의 행위를 정당화한다. 언론인, 과학자, 교육자, 상담가, 의료인, 기술자, 연구자 등이 가진 권력은 막강하다. 영화 〈내부자들〉에도 나오듯 언론 권력이 단어 하나를 어떻게 쓰는가에 따라, 부정부패도 대충 넘어가고 진실이 거짓으로 둔갑하기도 한다. 그에 저항하는 자가 있다면 '손목'이 잘리거나 '목숨'도 잃는다. 전문 지식이 곧 총칼 이상의 권력이다.

둘째, 삶의 자율성 상실이다. 예로부터 어른들은 삶 속에서 지혜를 배웠다. (양반 자제 외에는) 별다른 학교 교육이 없어도 오히려 사람됨의 도리는 더 잘 배웠다. 살림살이에 필요한 도구들도 나무 등을 이용해 손수 만들어 썼다. 간장, 된장, 장아찌, 효소, 술 등 모든 것을 직접 만들어 먹었다. 어른들이 곧 스승이었다. 또 온갖 산나물과 약초 등에 대해 상당한 지식이 있었고, 그것을 대를 이어 전승했다. 옛날에는 수천 가지를 먹었으나 요즘은 슈퍼에서 열 가지 내외만 사다 먹는다. 시골이나 숲 근처엔 먹을거리가 지천인데 갈수록 아는 사람이 없다. 예전엔 아이 하나가 아프면 온 동네 어른들이 걱정하며 나무뿌리나 약초를 구해 와서 달여 먹이면 곧잘 낳았다. 민중이 곧 의사였고, 마을이 곧 복지 시스템이었다. 그러나 지금은 건축 전문가가 있고 음식·복지 전문가가 있으며 교육·의료·심리 전문가도 따로 있다. 민중의 자율성 상실이 곧 전문가 의존 시대를 불렀고, 이것이 결국 전문가 권력을 낳았다.

셋째, 폭력 시스템이 낳은 '못 배운' 한恨과 트라우마의 결과다. 가난하던 시절, 학식을 갖춘 자들 앞에 민중은 초라했고 움츠러들었다. 잘 모르면서 떠들면 '무식하다'며 창피를 당하고 멸시를 받았다. '양반 계급'이 일종의 전문가 권력을 휘두를 때, 민중은 트라우마, 즉 마음의 상처를 입었다. 독일 브레멘대학교 명예교수 홀거 하이데가 『중독의 시대』에서 강조했듯이, 이런 트라우마가 반복된 결과, 우리는 마침내 전문가 앞에 '강자 동일시'를 하고 만다. 한편으로는 강자 앞에 무릎 꿇고 강자를 무조건 섬길 듯이 대하면 최소한 목숨만은 살려줄 것이라 믿는다. 다른 편으로는 일단 내가 강자 편에 붙으니 나보다 못한 녀석들은 꼼짝 말고 내 앞에 무릎을 꿇으라며 으스대기도 한다. 이것이 곧 강자 동일시에 기초한 행위다. 일례로 경찰이나 판검사 앞에 우리는 벌벌 떤다. 원래는 그들이 우리를 위해 봉사해야 하는데도 말이다. 우리가 그들을 강자로 여기기 시작하면서 그들의 권력은 더 막강해졌다. 대통령도, 국회의원도, 장관도 마찬가지다. 알고 보면, 다 같은 사람들에 불과하나, 역사적·사회적 과정에서 어마어마한 폭력 앞에 무기력과 좌절을 거듭 경험하면서 민중은 두려움에 압도되고 말았다. 그 결과 전문가들이 권력을 휘두르면서도 아무 죄책감이나 책임감도 느끼지 못하는 불구의 시대가 되었다.

따라서 우리는 민주 정부가 들어섰다고 결코 안심할 수 없다. 박노자 교수가 『주식회사 대한민국』에서 강조했듯, "도살장 같은 이 국가는, 1987년 이후 민주화됐다기보다는 기업에 의해서 사유화됐다"고 보는 것이 옳기 때문이다. 요컨대 자본은 정치경제, 사회문화, 교육, 종교 등 온갖 전문가들을 앞세워 국가와 민족도 사유화한다!

이제 우리는 무엇을 할 수 있을까? 민중을 불구화하는 전문가 '맹신'에서 벗어나야 한다. 나아가 철학 없는 전문가의 민중 지배를 묵인하지 말고 '시민 불복종' 운동을 통해 스스로 나서야 한다. 헨리 데이빗 소로(1817~1862)는 『시민 불복종의 의무』에서 노예제도를 지원하는 정부에 대항하여 납세를 거부했고, 옥살이까지 했다. 그는 '영혼의 자유'를 위해 싸웠다. 쉽지 않은 일이지만 이런 식의 주체성 회복, 즉 삶의 자율성 회복이 절실하다. 그래서 마침내 정치, 경제, 사회, 문화, 교육, 언론 등 모든 분야에서 전문가 독재가 아니라 지혜로운 민초가 공동 결정하는 민주주의를 구현해야 한다. 일차적으로 우리 자신이 깨어나야 하지만, 이차적으로는 승자독식Winner Takes All 사회를 바꿔야 한다.

최다수 득표자가 모든 표를 가져가는 게임이 아니라 '연동형 비례대표제'를 통해 정당 득표 비율로 국회 의석수를 배분하는 시도가 매우 중요한 이유다. 물론 아무리 좋은 선거제도도 결국은 민중을 배신할 가능성이 높다는 점도 잊어서는 안 된다. 더 나아가 이런 식으로 모든 분야에서 전문가라는 이름의 특권층 지배를 종식해야 한다. 이를 통해 잃어버린 민중 자신의 힘, 영혼의 자유를 되찾아야 한다. 이것이 미완의 민주주의를 완성하는 지름길이다.

요컨대 민초가 나서지 않으면 전문가 독재, 자본의 독재는 지속한다. 깨어난 민초들의 조직된 힘, 바로 이것이 곧 삶의 희망이자 민주주의의 최후 보루인 까닭이다!

엉터리 검사와 꼼수 판사

"대학교수면 학술 논문이나 하나 더 쓰지. 대체 왜 이런 데 신경 쓰는지 도무지 모르겠네?" 2005년 당시 한 고등검찰청의 부장 검사가 내게 한 말이다. 그는 시종일관 나를 불편해했다.

당시 나는 마을 이장으로서 주민 300여 명과 함께 이상한 고층 아파트 단지 건설 세력과 투쟁 중이었다. 내가 그 검사를 찾아간 이유는 불법 아파트 사업을 위해 허위 민원서를 만든 자들과 그 민원서를 바탕으로 토지 용도를 불법 변경한 공무원 및 도시계획위원들을 철저히 가려내 책임을 물어달라고 하기 위해서였다. 나는 지금도 그 마음엔 변함이 없다.

당시에도 나름 '정의롭게' 살자고 그나마 '믿을 만한' 사람을 찾아갔는데, 이런 말을 들으니 검찰청 문을 열고 나오던 나 자신이 너무나 참담하게 느껴졌다. 또한 대한민국 검찰이 이래도 되나 싶어 분노와 수치심까지 느꼈다. 동시에 "사법 고시에 합격해 판·검사가 돼라"던, 고교 시절 아버지나 형님들에게서 숱하게 들었던 말을 안 듣길 참 잘했다는 생각마저 들었다. 그렇게 판·검사가 되었다면 아마도 그 검사처럼 자기기만을 하며 살 것 같아서였다.

그 일이 있고 나서 나를 위로해준 것은 다소 황당한 뉴스였다. "어느 검사가 건설 회사의 법인 카드를 마음대로 쓰고 다니다가 걸렸다"는 내용이다. 그 뉴스를 보자마자, 당시 내가 만났던 고위 검사의 언행이 떠올랐다. "그러면 그렇지, 검찰이 저 지경이니, 당시 그 검사도 어찌 나 같은 이를 반길 수 있었겠는가?"

검찰 출신으로 삼성을 조사하다가 삼성 법무실 팀원이 되어 '봉사'했던 김용철 변호사가 2010년 『삼성을 말하다』에서 폭로했듯이, 비단 건설사만이 아니라 모든 재벌 대기업이 이런 식으로 판·검사에게 줄을 댄다. 기업이 학연, 지연, 혈연을 모두 동원, 거미줄처럼 엮고 있다. 이것을 학술적으로 그럴듯하게 '사회적 자본'이라 부른다. 그러나 이건 결국 인간관계가 자본에 봉사한다는 비밀을 간접적으로 드러낼 뿐이다.

그렇기에 사법부가 '모든' 사안에서 글자 그대로 '법과 양심'에 따라 일하기를 기대하긴 어렵다. 절도나 폭력 같은 사건들이야 검찰과 법원에서도 마치 백화점의 화려한 장식품처럼 비교적 멋지게 처리하지만, 정치·경제적 이해관계가 얽힌 사건들은 '돈과 권력'에 따라 교묘히 조작된다. '유전무죄 무전유죄'란 말은 결코 유언비어가 아니라 국가기밀이었다.

같은 맥락에서 2011년 이후엔 헌법마저 멋대로 농락한 '양승태 대법원 체제'가 들어섰다. '판사 블랙리스트'와 '재판 거래'가 비리의 핵심이다. 노동운동가 블랙리스트야 1970~1980년대 군사정권 시절처럼 흔했지만, 판사 블랙리스트는 낯설다. '돈과 권력'에 복종하지 않고 '법과 양심'을 지키려 한 판사들은 요주의 인물이 되었고 인사 불이익을 받았다.

재판 거래란 말도 '민주 공화국'의 하늘 아래에서는 있을 수 없는 일이다. 말로는 사법부 독립이라 하지만, 사법부 수장 격인 자가 입법부나 행정부와의 은밀한 거래를 통해 법과 정의를 짓뭉갠 '사법부 독살'이었다. 그로 인해 '참교육'을 외쳐온 전교조가 법외 노조가 됐고, 통합진보당이 해산되었다. 또한 일제 강제징용 재판이나 KTX 승무원 및 쌍용차 불법 해고 재판 등도 사상 유래 없이 왜곡됐다.

양승태 전 대법원장은 사법 농단 의혹이 고조되던 2018년 6월 초 '꼼수' 기자회견에서 "법원은 우리 사회에서 가장 건전한 조직"이라 했다. 정의를 짓뭉갠 자가 이런 말을 하다니, 이 무슨 어불성설인가. 그 뒤에 그는 증거나 흔적을 없애고자 컴퓨터 하드디스크 박살 내기, 즉 '디가우징'까지 해 버렸다. 소가 웃을 일이다. 그러나 결국 진실이 이기는 법. 모든 게 들통났고 2019년 1월 24일 밤, 마침내 구속되었다.

물론 사법부엔 양심적인 판·검사도 꽤 있다. 예컨대 임은정, 윤석열 검사나 차성안, 이탄희 판사가 그렇다. 썩은 사법부가 완전히 침몰하지 않은 것도 모두 이런 분들이 있기에 가능했다. 지금 돌이켜보면 2017년 3월 10일 헌법재판소의 박근혜 탄핵은 거의 기적이었다! 이 기적을 가능케 한 것은 2016년 10월부터 추운 겨울을 이겨내며 약 6개월간 지속했던 촛불민중의 직접행동이었다. 아래로부터 민주주의가 이뤄낸 소중한 성취였다.

문제는 현재다. 김명수 대법원장이 사법 농단을 자체 조사하고 검찰 고발과 수사 협조까지 공언했지만, 별로 똑 부러지는 게 없었다. 시간만 흘렀고, 디가우징 등 증거 인멸과 조작만 요란했다. 검찰이 핵심 인사들에게 구속영장을 청구해도 거듭 기각되었다. 민주주의의 고양은 정말 더디다.

안타깝기도 하고 자괴감도 든다. 그럼에도 가야 할 길은 가야 한다.

사람이 문제라면 사람을 바꾸고, 시스템이 문제라면 시스템을 바꾸면 된다. 오래 걸릴 일이 아니다. 시간은 흐르고 있고, 마음은 급하다. 적폐는 끈질기며 가짜뉴스, 악성 댓글들이 발광한다. 거짓과 조작, 뒷거래를 하루빨리 뿌리 뽑아야 한다. 그래서 혐오표현 처벌법 제정과 공직자비리 수사처 신설이 시급하다.

더 중요한 것은 사회 전반에 퍼진 불신을 극복하고 신뢰를 회복하는 일이다. 엉터리 USB를 증거랍시고 검찰에 제출했던 꼼수쟁이 양승태도 바른말 하나 했다. "재판에 신뢰가 무너지면 나라가 무너진다." 그래서다. 이미 무너진 신뢰에 대해 책임지고 모든 진실을 고백하라. 나아가 머리부터 발끝까지 사법부를 청정하게 하라. 임종인·장화식이 쓴 『법률사무소 김앤장』이 고발하듯, 인권의 변호인이 아니라 자본의 대변인 또는 스스로 법률 자본가가 되어버린 법조계 전체를 깨끗하게 쇄신하라. 재벌급 대기업의 사외 이사 자리를 부패한 내부자들끼리의 아지트로 만들지 못하게 하라. 자본과 권력은 돈과 자리를 통해 상호 유착한다. 이 내부자들은 밀실에서 그들만의 감정과 관계를 공유한다. 심지어 모두 발가벗은 채 '섹스 파티'까지 연다. '그들만의 리

그'는 그렇게 완성된다. 에바 일루즈의 『감정 자본주의』는 "감정 양식이 네트워크 구축과 사회자본 축적의 핵심"이라 강조하며, 이것이 "인맥 자본주의"(뤽 볼탄스키)의 토대라 했다. 영화 〈내부자들〉은 결코 예외적 사례가 아니라 이미 친숙한 일상이 되었다. 데이비드 그레이버 교수는 『우리만 모르는 민주주의』에서 '마피아 자본주의'란 말도 한다. 그러니 누가 국가(입법, 사법, 행정)를 신뢰하겠는가?

우리가 억울할 때 믿고 의지할 수 있는 최후의 보루가 사법부라면, 그 보루만큼은 청정구역이 돼야 한다. 그 위에 입법부, 행정부, 그리고 언론과 학계가 투명하고도 공정하게 바로 서야 한다. 이런 과감한 변화가 전반적으로 일어나야 비로소 사회적 신뢰가 회복된다.

법치주의法治主義는 자본이나 권력이 민중을 지배하기 위해 내세우는 맥락이 아니라 민중이 자본이나 권력을 제어하고 민주주의를 고양하는 맥락에서 사용될 때 그 가치를 발휘한다. 그 반대의 경우, 법치란 자본과 권력의 민중 억압 기술에 불과하다. 민주주의란 이렇게 전도된 법치를 바로잡으려는 아래로부터 요구다.

따라서 나는 감히 주장한다. 대법원장은 물론 각 법원장이나 검사장 등 사법부의 고위직은 교육감처럼 시민이 직선으로 뽑자. 그리고 그들이 민주주의를 배신할 때는 시민이 언제든지 소환할 수 있게 하자. 거짓과 꼼수를 일삼는 자들아, 이제 꼼짝 마라, 제대로 민주주의가 되면 너희는 모두 죽었다!

물론 아직 하나의 과제가 남아 있다. '그들'을 '우리'가 뽑는다고 할 때, 과연 '우리' 자신은 얼마나 깨어 있는가 하는 점이다. 학교교육을 많이 받는다고, 사회적 지위가 있다고 꼭 '깨어난' 사람인 것은 아니다. 부단히 읽고 생각하고 성찰하며 대화·토론에 참여할 때 시민들 스스로 깨어날 것이다. 이런 과정이 없으면, 말짱 헛것이다.

감정의 상품화,
도둑맞은 인간 감정

2017년 1월, 전북 전주시의 한 저수지에서 젊은 여성의 주검이 발견되었다. 어느 콜 센터에서 현장실습을 하던 특성화고 3학년 학생이었다. 그녀가 했던 직무 내용은 이른바 '세이브 업무'였는데, 통신 관련 가입자의 해지를 막는 부서였다. 통신 소비자들, 즉 고객이 계약해지를 하고 다른 통신사로 이동하는 것을 막는 일이다. 상황이 어땠을지 짐작된다. "고객님, 죄송하지만 한 번 더 생각해보세요." "네가 뭔데 내가 해지하는 걸 막으려 들어?" "고객님, 그게 아니고요……." "너 이름이 뭐야? 네 직속 상사를 바꿔 봐!" "고객님, (흑흑) 제발 좀 부탁이에요." "이게, 이 XX야, 무슨 일을 이따위로 해?" 아마도 이와 별반 다르지 않았을 것이다.

그녀의 노동은 고객 서비스 업무라기보다는 '감정노동'이었다. 자신의 솔직한 감정을 억누른 채 고객의 비위를 맞추면서도 회사의 이익을 위해 안간힘을 써야 하는 노동이 감정노동이다. 결국 그녀는 고객의 욕설과 회사의 실적 압박에 시달리다가 더는 참기 어려워 하나밖에 없는 목숨을 끊고 말았다.

감정노동과 관련해 한국사회가 결코 잊을 수 없는 일이 또 있다. 그것은 2014년의 이른바 '땅콩 회항' 사건이다. 뉴욕에서 인천으로 가는 KAL 비행기 안에서 대한항공 회장의 딸 조현아 부사장이 주문한 땅콩을 승무원이 비닐 껍질을 벗기지 않고 통째로 건네주자 조씨가 "이게 매뉴얼에 맞는 거냐?"라며 승무원에게 소리치고 심지어 항공 책자로 때리기까지 했다. 나아가 이미 이륙하려고 이동 중이던 비행기마저 (불법적으로) 원위치로 되돌려 해당 승무원을 내리게 했다. 공항이 있던 미국사회뿐만 아니라 한국사회에도 이 일이 알려진 뒤 여론이 들끓었다. 이 사건을 계기로 고객들의 갑질에 그저 미소로 견뎌야 하는 승무원들의 감정적 스트레스 문제가 사회적으로 널리 인식되었다. 해당 승무원은 그 일로 말미암아 단순한 스트레스를 넘어 우울증 증세까지 나타내 결국 산재를 인정받았다. 나아가 재벌들의 '황제경영' 폐단이 '땅콩 회항' 사건으로까지 나타났다며 재벌에 대한 여론이 악화되고, 재벌 개혁의 필요성이 더 커지기도 했다.

따지고 보면, 우리가 백화점이나 마트 같은 곳에 갔을 때 그 입구에서 직원들이 "고객님, 사랑합니다. 행복한 하루 되세요!"라며 허리 굽혀 절하는 모습 역시 일상적으로 보는 감정노동의 사례다. 또 비행기만이 아니라 열차를 타고 다른 곳에 갈 때도 열차 승무원이 불필요하게 절을 하거나 심지어 무릎까지 꿇고 고객과 대화하는 모습을 볼 수도 있다. 이 모든 사례는 고객의 기분을 좋게 하기 위해 정작 자신의 감정(느낌)을 숨기거나 억눌러야 하는 서비스 노동자들의 현실을 드러낸다. 인간의 감정(느낌)이 마침내 상품으로 되어버렸다!

과연 이러한 '감정의 상품화'는 어떤 사회경제적 맥락에서 일어나는가? 그리고 이 감정노동은 당사자들의 심신 건강에 어떤 영향을 미치는가? 과연 유통업, 콜 센터, 금융권, 병원, 공공 서비스 등 각종 분야에서 감정노동은 어떤 양태로 드러나는가? 나아가 감정노동 및 작업장 폭력은 어떻게 측정되며, 중앙정부나 지방정부는 어떤 방법으로 대처하는가? 그리고 감정노동으로 상처 입은 노동자들은 어떻게 치유가 가능하며 이런 문제를 해결하기 위한 대안은 어떤 식으로 마련되어야 할까?

『감정노동의 시대, 누구를 위한 감정인가?』란 책에는 이런 질문들에 대한 명쾌한 답이 나온다. 과연 감정노동은 누구를 위해 행해질까? 앞서도 간략히 보았지만, 결코 노동자 자신을 위한 것은 아니다.

그러면 누구를 위한 것일까? 그것은 감정노동을 요구하는 고용주, 즉 자본을 위한 것이다. 그렇다면 왜 자본은 노동자에게 감정노동을 시킬까? 그것은 '고객'의 기분을 좋게 만들어야 돈벌이가 되기 때문이다. 그렇다. 우리는 같은 돈을 내고도 기분 좋은 서비스를 받을 수 있는 곳(예, 식당이나 백화점)과 그렇지 않은 곳이 있다면 과연 어디를 다시 또 가겠는가? 답은 뻔하다. '손님'의 기분을 좋게 하는 곳이 장사가 더 잘될 것이다. "서비스 노동자는 고객이 자율적 선택과 권력의 쾌락을 느끼게 하는 의식을 거행"한다.

일반 상업이 아닌 경우, 즉 공공 서비스는 어떤가? 여기도 결국은 마찬가지다. 정부 기관이건 공기업이건 '고객'인 시민들이 기분 좋은 서비스를 받을 수 있게 공무원인 노동자들이 본의 아니게 감정노동을 하기도 한다. 왜? 여기서는 직접 돈벌이가 아니라 좋은 평가를 받기 위해서 (또는 나쁜 평가나 민원 제기를 받지 않기 위해서) 감정노동이 이뤄진다. 공공 서비스 기관이 좋은 평가를 받는다는 것은 결국 다음에 예산/인센티브/자리를 확실히 보장받거나 최소한 잘리지 않는다는 뜻이다. 직접적인 돈벌이는 아니지만 결국은 평가가 돈으로 연결되고 만다. "현재 공공 영역에서는 '공공 행정 서비스 품질'을 점수로 환산해 평가하고 인센티브를 부여하는 '민원 행정 분야 정부 합동 평가제도'를 도입하고 있으며, 민원 담당 업무를 수행하는 직원에 대해 별도의 친절 교육 프로그램을 실시하는 등 서비스 수준을 높이기 위해 다양한 기제를 활용하고 있다."

결국 오늘날 우리는 사회문화적 규범에 따라 정도의 차이는 있지만, 대체로 '감정의 상품화'를 경험한다. 이 '감정의 상품화'는 "이성에서 감정으로 머리에서 몸으로 사회적 관심이 이동하면서 후기 근대 사회의 감정이 점차 자본주의적 생산의 도구이자 이윤 추구의 수단"으로 되어버린 현상이다. 따지고 보면, 오늘날 우리는 우리 자신의 느낌, 생각, 태도, 눈치, 행동 등 그 모든 삶의 과정이 상품 가치라는 잣대에 의해 조종당하는 삶을 산다. 감정의 상품화를 넓은 의미로 해석하면 바로 이런 것이다.

『감정 자본주의』를 쓴 에바 일루즈도 "감정능력이란 사회자본, 또는 신분 상승으로 전환될 수 있는 자본의 한 형태"라고 일갈했다. 과거엔 공적 경제와 사적 감정이 분리되었지만, 오늘날에는 이 둘이 융합(!)되어버렸다. 요컨대 오늘날 자본은 '저 멀리' 존재하는 공장이나 은행 같은 것만

이 아니라 바로 우리 자신의 감정과 느낌, 생각과 행동 '안에' 깃들어버렸다. 감정이 상품화, 감정이 자본화한 것이다.

바로 이 '감정의 상품화'를 배경으로, 돈을 주고 서비스를 받는 고객들이 '왕' 대접을 받고자 하는 '가성비 사회'가 완성된다. 이는 가격 대비 성능(효능)을 일일이 따지는 사회로, 이미 우리 자신의 생각이 상품 가치의 법칙을 내면화한 결과로 나타난다. 이 과정이 확산되면서 감정노동은 더 이상 예외가 아니라 당연한 일상처럼 되어버린다.

앞서 말한 콜 센터 실습생이나 '땅콩 회항' 사건 속의 승무원은 모두 이 감정노동의 희생양이었다. 즉 감정노동자들은 '자연스럽게' 자신의 진정한 느낌이나 감정을 억압하고, '고객'의 기분에 맞추려고 억지웃음이나 과잉 친절을 드러내야 한다. 그 과정에서 이들은 내면의 스트레스를 경험하고 이것이 지속하면 정서적으로나 육체적으로 소진burn out을 경험하기 일쑤다. 특히 '왕인 고객'들로부터 이른바 '갑질'(지나칠 정도의 감정노동 강요)을 반복 경험하면, 우울증이나 더 심해지면 자살까지 이어질 수 있다.

"감정노동과 우울증, 근골격계 질환, 월경곤란증 등과 같은 스트레스성 건강 문제와의 관련성은 지속해서 보고되고 있으며, 과도한 감정노동은 스트레스 반응을 통해 다양한 건강 문제를 유발할 가능성이 높다."

이러한 사실들이 뜻하는 바는 무엇인가? 바로 감정노동자들이 '이중 착취'를 당한다는 점이다(엄밀히는 '삼중 착취'다. 왜냐하면 같은 노동자 안에서도 상급 노동자에 의한 착취를 당하기 때문이다). 즉 감정노동자들은 한편으로 고용주에게, 다른 편으로는 고객들에게 육체적·정서적 착취를 당한다. 더 정확히 말하면, 이 고용주들은 감정노동자들이 고객들에게 육체적·정서적 착취를 당하는 것을 묵인·동조·권장·강제함으로써, 은근슬쩍 감정노동자와 감정소비자들을 동시에 착취·지배한다. 따라서 이들 감정노동자들이 느끼는 노동 소외는 전통적인 생산직 노동자들이 경험하던 노동 소외보다 한층 심할 것으로 보인다.

고용주 또는 그를 대리하는 관리자들이 서비스 노동자들에게 감정노동을 사실상 강요하는 까닭은 결국 이윤 때문이라는 점은 앞서 말했다. 그런데 고객이 서비스 노동자들을 감정적으로 착취하는 배경은 무엇일까?

그것은 『차가운 계산기』를 쓴 필립 로스코가 말하듯, "돈 주고 구매하는 행위야말로 오늘날의 삶을 규정하는 특징"이기 때문이다. 사람들은 소비자가 되어 상품을 사는 과정에서 자기 이익을 극대화하기 위해 '비용-편익 분석'을 행한다. 이는 『하류지향』을 쓴 우치다 타츠루가 말한 '등가교환 법칙'과 일맥상통한다. 다시 말해, 소비자로서 사람들은 자신이 지급하는 화폐 가치와 동일하거나 그보다 더 많은 가치를 얻기 위해 치밀한 계산을 하고 협상과 흥정을 벌이는 등, 자기 이익 중심으로 행동하는 경향이 있다. 바로 이런 맥락에서 소비자인 고객들은 서비스 노동자들을 정서적으로나 육체적으로 착취하게 된다.

이제 이 감정노동의 문제를 해결하기 위해 과연 우리는 무엇을 할 수 있을까? 물론 개인적으로 과도한 감정노동으로 인한 스트레스를 받지 않기 위한 노력도 중요하고, 또 동일한 스트레스 상황 속에서도 어떻게 대처하는가 하는 문제도 중요하긴 하다. 하지만 더욱 중요한 것은 감정노동 자체를 적절히 규제하기 위한 정부 차원의 법과 제도, 가이드라인 등을 체계적으로 정비하고 엄격히 준수하게 하는 일이다. 이를 위해서라도 감정노동의 현장에서 이를 정확히 측정하고 진단하기 위한 측정 도구의 개발과 적용, 전 사회적 공유가 이뤄져야 한다. 또 과도한 감정노동이나 작업장 폭력 등으로 인해 일종의 트라우마를 경험한 노동자를 위한 치유 프로그램도 체계적으로 가동해야 한다. 물론 기존의 노동조합이나 시민사회단체가 감정노동의 문제에 더욱더 깊은 관심을 기울이면서 '감정노동 전국네트워크' 또는 '서울시 여성이 만드는 맘 편한 세상'과 같은 연대 활동을 더욱 왕성하게 전개하는 것도 중요하다.

그러나 무엇보다 가장 근본적인 것은, 노동자와 사용자의 관계인 '노사 관계(잉여법칙)'만이 아니라 노동자와 소비자와의 관계인 '노소 관계(등가법칙)'와 노동자와 노동자의 관계인 '노노 관계'를 (근원적으로) 성찰하는 일이다. 그래야 '삼중 착취'가 극복될 수 있기 때문이다. 과연 그것이 어떻게 가능한지에 대해서는 더 많은 토론과 실험이 필요하겠지만, 그 원칙적 방향은 노/사 또는 노/노 사이에 더는 '착취 및 지배' 관계가 아니라 '호혜 및 연대' 관계를 형성하는 데 있다.

분명한 점은 이를 위해서라도 앞에서 말한 '비용-편익 분석'이나 '등가교환 법칙'에 기초한 자기 이익 극대화 지향적인 행위를 지양하는 것이 시급하다는 것이다. 내가 내 감정의 주인공으로 살고 싶은 것처럼, 타인 또한 자기감정의 주인공으로 살고 싶지 않겠는가? 배려심 있는 자유, 공감력 있는 자유가 참된 자유다. 나아가 그런 자기감정의 주인공들이 서로 존중하면서 교류한다면, 더 인간적인 공동체가 가능할 것이다. 과연 우리는 '타인의 고통과 기쁨'을 함께 느낄 수 있는 공감empathy의 능력을 (재)가동할 수 있을 것인가?

평등 없는 친밀성,
평등 없는 냉혹성

현덕 작가의 1930년대 말 작품에 「나비를 잡는 아버지」가 있다. 바우와 경환이는 어릴 적부터 같이 자란 친구다. 소학교를 졸업한 뒤 경환이가 서울로 공부하러 떠나면서부터 둘의 인생은 완전히 엇갈린다. 바우는 소를 몰고 들에 나가 풀을 뜯기며 그 시간에 공책에다 이것저것 그림을 그린다. 서울 간 경환이는 한 학기 공부를 마치고 여름 방학에 시골집으로 돌아온다.

이제 바우와 경환이는 더 이상 살가운 친구가 아니다. 사실 경환의 아버지는 지주이고 바우 아버지는 소작인이다. 요즘 말로, 경환은 금수저, 바우는 흙수저다. 경환의 방학 숙제가 나비 표본 채집인데, 이게 문제다. 경환이 잠자리채를 들고 나비를 잡고자 자기네 땅 참외밭을 휘젓고 다닐 때, 이를 본 바우는 온 가족 생계가 걸린 1년 농사가 망했다며 화를 낸다. 둘은 싸움이 붙었고 유도를 배운 경환이가 바우를 내치려다 오히려 힘센 바우에게 당한다. 마침내 온 동네에 난리가 난다. 경환의 아버지, 지주는 바우의 엄마를 불러 불호령을 내린다. 바우가 나비를 잡아다 경환에게 주면서 잘못했다고 빌지 않으면, 더는 땅을 부쳐 먹을 생각도 하지 말라고 한다. 이에 바우는 부모에게 이래저래 혼쭐이 난다. 어머니는 그래도 밥을 챙겨주려 하나 바우는 밥맛이 없어 들판으로 나간다. 잘못한 것도 없는데 무조건 빌라고 하니, 아무리 부모라도 이건 아니다. 바우의 똥고집이자 줏대다.

바우가 풀밭에 누워 풀꽃을 물고 하늘을 보는데, 문득 저 건너 메밀밭에 사람이 일렁인다. 뭔가 잡는 듯 분주하다. 경환이 나비를 잡나보다 했는데, 나중에 자세히 다가가 보니 자기 아버지가 아닌가. 여기서 이야기는 끝나고, 내 가슴도 먹먹해지며 눈시울마저 젖는다.

당시 10대 청소년에 불과한 바우의 심정은 어땠을까? 어린 마음에 얼마나 상처를 받았을까? 누구는 금수저라 서울에서 공부하며 나비 채집한답시고 온 참외밭을 난장판으로 만들어도 되고, 누구는 공부를 잘해도 흙수저라 소나 키우며 농사를 지어야 하는 신세다. 얼마나 원망스러운가? 어릴 때 같이 놀던 친구였는데, 그 옛날 어깨동무는 어디로 사라졌나?

작가는 독자들에게 상상력을 발휘해 끝을 이어가라 말한 듯하다. 많은 시나리오가 가능하겠지만 얼핏 세 가지 정도가 떠오른다.

첫째는 옹고집 바우조차 자기 대신 나비 잡는 아버지에 연민과 죄책감을 느껴 체념하고 만다. 아버지랑 같이 나비를 잔뜩 잡아 지주 집에 갖다 주고 경환에게는 마음에도 없는 용서를 빈다. 모든 것을 원점으로 되돌리는 시나리오 I이다.

둘째는 자존감 넘치는 바우가 부모를 설득해 다른 마을로 이사를 가는 것이다. 사실 바우의 부모들도 그동안 지주와 관계에서 온갖 억울한 일들을 많이 참아온 터였다. 그래서 좀 더 선량한 지주와 노는 땅을 찾아 떠난다. 약간 새로운 국면을 만드는 시나리오 II다.

셋째는 지혜로운 바우가 동학농민혁명의 녹두장군처럼, 부모를 비롯한 온 동네 소작인들을 모조리 조직해 당국이 토지개혁을 하지 않으면, 더는 농사를 짓지 않겠노라고 농사 파업을 선언하는 것이다. 온 나라 소작인들이 동참하고 마침내 민주적 토지개혁이 일어나, 농지가 고루 분배되어

농민들이 즐겁게 경작한다. 앞 사례들과 전혀 다른 국면을 여는 시나리오 Ⅲ이다.

바우와 경환네 이야기는 지주-소작 관계를 다루지만, 오늘날 이것은 부자 아파트 아이들과 임대아파트 아이들 이야기로 연장될 수 있고, 또 대기업 사원 주택단지에서 만나는 임원급 부인과 평사원 부인 간의 관계와 비견될 수도 있다. 심지어 육군 장성이 옆집에 살면 대령 부인은 그 집 김장까지 해주기도 했다. 모두 '계급 관계' 때문이다.

창창한 청년 시절, 영국 제국주의의 경찰 신분으로 5년 동안 버마(미얀마)에 살았던 조지 오웰(1903~1950)은 자신과 현지인 사이의 원만한 관계를 '평등 없는 친밀성'이라 성찰했다. 이를 응용하면, 위 시나리오 I에서 바우네는 '평등 없는 냉혹성'만 경험한다. 우리네 일상의 현실이다. 시나리오 Ⅱ는 좀 낫긴 하나 기껏해야 '평등 없는 친밀성'만 느끼게 한다. 그러나 시나리오 Ⅲ은 '평등한 친밀성'의 새 관계를 연다. 약자들이 연대하여 단호한 투쟁으로 여는 새로운 세계다. 가장 높은 단계의 민주주의 사회란 이런 것이 아닐까?

그렇다. 수준 높은 민주주의란 '불평등'을 용인한 채 단지 선거나 투표, 경영에 참여하는 정도가 아니라, '평등한 친밀성'을 확장해내는 가운데 정치나 경제, 문화나 교육의 내용을 민중이 집단 지성으로 만들어가는 과정이다. 그리하여 고전 평론가 고미숙 선생이 『돈의 달인, 호모 코뮤니타스』에서 말하듯, 더는 축적의 원리가 아니라 순환의 원리, 소유의 원리가 아니라 자유의 원리, 증식의 원리가 아니라 증여의 원리를 구현해야 한다. 교환과 계약의 관계가 아니라 증여와 순환의 관계를 열어내야 참 민주주의가 실현된다! 과연 우리의 바우네는 실제 어떤 길을 걸어갔을까? 그리고 지금 여기, 우리는 어떤 길을 걸어야 옳은가?

자녀 교육,
무엇이 아이들을 행복하게 할까?

'자녀 교육을 어떻게 할 것인가?'라는 주제의 시민 특강에 가면 여러 가지 질문이 나온다. 그중에서도 이런 질문이 가장 흔한 편이다. "저는 나름대로 아이를 잘 키우려고 하고, 또 나름 잘한다고 자신하지만, 아이를 데리고 놀이터에만 가도 '옆집 아줌마' 때문에 불안해져요. 아이가 보는 학습지는 뭐로 하냐, 어느 학원에 보내느냐, 그렇게 마냥 놀리기만 해서 나중에 어떻게 하려고 그러느냐, 이런 식으로 말하는데, 도무지 어찌할 줄을 모르겠거든요. 좋은 아이디어 있으면 말씀 좀 해주세요." 이런 식이다. 인기 드라마 〈SKY캐슬〉 같은 부자 동네에 살지 않아도 전국 곳곳의 동네마다 이런 게 일상다반사다.

사실 '옆집 아줌마'라고 해서 특별히 '나쁜' 사람은 아니다. 어찌 보면 우리와 같은 '보통' 사람들이다. 어쩌면, 우리 자신이 곧 '옆집 아줌마'일 수 있다. 무엇이 문제인가?

우선은 학습지나 학원을 통한 열공(열심히 공부하는 것)이 문제되는 것은 궁극적으로 다른 아이들과 '비교' 때문이란 점을 기억해야 한다. 적극적으로 말하면 '남보다' 잘해야 한다는 강박증이고, 소극적으로 말하면 '남들만큼은' 해야 한다는 집착이다. 여기서 중요한 점은, 한 아이가 인격체로서 또는 한 민주 시민으로서 갖추어야 할 본질적이고 기본적인 내용을 어느 정도 알아야 하지만, 이것을 우리가 잊고 산다는 것이다. 남과 비교해 우위에 서는 게 중요한 게 아니라, 인간 또는 민주 시민으로 살아가는 데 필요한 것을 최소한이나마 배우는 게 중요한 일이다.

그런 점에서 나는 비교를 핵심으로 하는 상대평가가 아니라 60~70점이라는 최소한의 기준만 제시하는 '절대평가'를 하는 것이 옆집 아줌마와 우리 모두의 불안감을 예방하는 길이라 본다. 절대평가가 좋은 또 다른 점은, 아이들이 서로 경쟁, 시기, 질투하지 않고 오히려 협동, 호혜, 우애를 배우면서 성장한다는 것이다. 그러면 전체 사회도 더 밝아지고 행복해진다.

반면 비교를 위한 상대평가는 아무리 잘해도 1등(우등)이 아니면 우울해지며, 궁극적으로 아이들이 극소수 우등생과 대다수 열등생으로 갈라지게 되어 있다. 극소수는 우월감에 절어 살며, 대다수는 열등감에 절어 산다. 찬찬히 보면, 우월감이나 열등감은 모두 인간성 상실을 초래한다. 우월감에 절은 아이들은 나중에 타자를 무시하기 일쑤이며, 열등감에 절은 아이들은 자기 자신을 무시하기 일쑤다. 나중에 우월감에 젖은 어른은 자식조차 우월한 우등생으로 살아가도록 갈구며, 열등감에 젖은 어른은 열등감에서 해방되고 싶어 아이를 우등생으로 키워내려고 발버둥 치게 된다. 상대평가 시스템 속에서는 모두 승자가 될 수 없음에도, 부모들은 자기 자식만큼은 우등생, 즉 승자가 되리라 믿는다. 심지어 자신의 삶을 희생하더라도 자식이 승자가 되기를 갈망한다. 하지만 바로 그 과정에서 어른이건 아이건 대체로 불행해진다. 부모는 배신감을, 아이는 죄책감을 느끼기 쉽다. 이렇게 불행해지지 않으려면 비교, 경쟁, 시샘을 낳는 상대평가를 절대평가로 바꾸어야 한다. 궁극적으로는 평가 자체가 없는 배움의 공동체를 만드는 것이 바람직하다.

권정생 선생의 『우리들의 하느님』에는 비교나 허영심에서 비롯된 열등감의 뿌리에 대해 나온다. "이솝 이야기에 보면 까마귀가 공작새의 깃털을 주워 몸을 치장하려다 창피를 당한다는 이야기가 있다. 까마귀는 까마귀대로 아름다움을 깨닫지 못하고 공작새의 깃털만 부러워한 것이 큰 잘못이다. 사물을 바로 볼 줄 모르는 사람은 그렇게 남의 겉모습만 보고 괜히 부러워하는 못난이가 된다. 열등감은 이런 잘못된 허영심에서 시작되어 점점 자신을 왜소하게 만들어버린다." 그렇다. 아이들은 나름의 속도와 색깔로 자란다. 모두 나름의 아름다움이 있고 나름의 끼가 있는 법이다. 비교나 경쟁이 아니라 격려와 지지를 통해 아이들의 '기氣'를 살려 '끼'를 키워내는 것이 건강한 교육법이 아닐까?

둘째, "그렇게 놀게만 해서 나중에 어떻게 해요?"라는 말 뒤에는 '먹고사는 문제'에 대한 두려움이 깃들어 있다. 이에 대한 내 생각은 이렇다. 우리가 이 정도로 먹고사는 데는 예전에 우리의 부모들이 우리 어릴 적부터 경제 교육이나 진로 걱정을 많이 했기 때문이 아니라 그저 '조건 없는 사랑'으로 몸 튼튼, 마음 튼튼하게 키워준 덕이다. 게다가 우리는 어느 정도 머리가 커지면 자기 먹고살 길을 스스로 걱정하게 되어 있다. 어차피 부모가 대신 걱정한다고 되는 일도 아니다. 별 소용없는 걱정을 붙들고 매달리는 사이에 나 스스로 행복하게 살 시간을 다 놓치고 만다. 어리석은 일이다.

더욱 중요한 점은, 그냥 돼지처럼 배불리 먹고살 일을 하려고 걱정할 것이 아니라, 또는 굶어 죽지 않기 위해 억지로 일하는 것이 아니라, 내가 정말 하고 싶은 일, 가슴이 뛰는 일을 하면서 살아가는 것이다. 그러니, 너무 일찍부터, 그것도 부모가 자식의 생계를 걱정해줄 필요는 없다. 고미숙 선생의 『조선에서 백수로 살기』가 강조하듯, 청년들이 골방의 우울한 분위기에서 벗어나 해맑은 광장으로 나오는 것이 제대로 사는 길이다. '길' 위에서 '길'을 찾아 나가면 된다. 삶의 의미나 가치를 묻는 질문이 참된 공부이지 돈이나 권력을 추구하는 공부는 제대로 된 공부가 아니다. 따라서 '공부하거나 존재하지 않거나'이다(고미숙, 『공부의 달인, 호모 쿵푸스』). 제대로 된 공부란, 삶의 의미를 부단히 질문하며 더욱더 넓은 세상 속에서 최선의 길을 찾아가는 운동인 셈이다.

사실 부모가 일일이 걱정하지 않아도 자녀들은 일정한 나이가 차면 자기 앞가림을 하면서 살게 되어 있다. 오히려 부모가 아이들의 자유, 영혼의 자유를 빼앗고 짓밟지만 않는다면 말이다! 설사 현재의 시스템이 망가져도 그 시스템 수리를 걱정할 일이 아니라 망가진 시스템을 어떻게 혁파해야 사람이 제대로 살 수 있을지를 걱정해야 한다. 집단지성을 발휘해서 말이다.

따라서 진정 부모가 자녀를 위해 걱정해야 할 것은, 생계를 해결한답시고 자식이 '나쁜 짓'이라도 서슴지 않을까,

세상 사람들에게 해를 끼치면서 자기만 잘살아가려고 하는 이기적 인간이 되지 않을까, 사회와 역사에 대한 의식도 없이 그저 자기 혼자 잘 먹고 잘살기 위해 쪼잔하게 살려고 하지 않을까, 이런 것이다.

자식의 생계 걱정에 떨고 있는 부모들에게 두 가지를 들려주고 싶다. 하나는 '산 입에 거미줄 치랴?'고 하는 배짱(줏대)이다. 나 자신도 그런 배짱으로 학자의 길을 걷기로 결심하여 지금까지 30년 이상의 세월이 흘렀다. 다른 하나는 '생계의 길'을 가는 사람은 평생 생계 걱정만 하다가 인생 다 보내지만, '꿈의 길'을 가는 사람은 꿈도 이루고 생계도 해결한다는 사실이다. 나 자신 생계 때문에 공부의 길을 걷지는 않았다. 오히려 공부의 길이 꿈이었기에 천천히 걸었고, 걷다 보니 생계 또한 자연스럽게 해결되었다. 아이의 꿈이 공부가 아니라도 된다. 기술도 좋고 예술도 좋다.

따라서 진정 우리가 함께 걱정할 것은, 아이들이 무엇을 배워도 온 사회가 시선의 차별을 하지 않도록, 또 무슨 일을 해도 경제적 차별을 하지 않도록, 보다 평등하고 평화로운 사회 구조를 만드는 일이다. 이런 거시적 시각(사회 변화) 속에서 작은 것(아이의 꿈)도 함께 볼 때, 비로소 사회도 나도 건강하게 살 수 있다.

셋째, "옆집 아줌마만 아니라면 진짜 잘할 수 있을 텐데……"라는 이야기는 사실은 핑계에 불과하다. '나부터' 또는 '나라도' 잘하면서 '같이' 가는 것이 정도正道이기 때문이다. 우리 큰아이가 초등학교 입학식 하던 때(1995년 3월), 나는 아내와 자녀 교육에 관한 3가지 기준을 세웠다. 첫째는, 성적표에 연연해하지 말자는 것, 그리하여 1등이나 100점을 기준으로 교육하지 말자는 것, 둘째는, 몸 건강, 마음 건강, 그리고 친구 잘 사귀는 것을 최고로 치자는 것, 셋째는, 아이가 꿈이 생겨 그 길을 가겠다고 하면 아낌없이 지지하자는 것이었다. 첫째, 둘째, 셋째 아이를 모두 그런 마음으로 키웠다. 그사이에 (2019년 현재) 큰아이가 32살, 둘째가 26살, 막내가 25살이 되었다. 결론은 그렇게 키워도 잘 크더라는 것이다. 아니 오히려 그런 식으로 살다 보니 아이나 어른이나 모두 행복한 삶을 살 수 있었다.

아이들은 모두 자기 나름의 꿈을 찾았고 천천히 가고 있다. 큰아이는 재즈 피아니스트의 길을, 둘째는 제빵사의 길을, 막내는 농사에 이어 건강 재활 및 물리치료사의 길을 걷는다. 설사 그 꿈들이 도중에 바뀌어도 괜찮다. 행복하게 간만큼 행복할 것이고 또 다른 길도 행복하게 걸어가면 그만큼 또 행복할 것이다. 인생은 직선이 아니라 곡선이다. 또 인생은 결과나 높이가 아니라 과정과 느낌이다. 판단의 기준이 남의 시선이 아니라 자신의 소망이나 내면의 필요이기 때문에 자기 '마음'이 가는 대로 꾸준히 가면 된다. 그러면서 마음이 맞는 이들과 소통하고 연대하면서 더불어 살면 된다. 결국 이른바 'SKY 대학'이라는 기준은 허상에 불과하다. 껍데기에 갇히지 말고 알맹이를 볼 일이다. 그렇게 되면 더 이상 '옆집 아줌마'를 핑계 삼아 자신의 삶을 무책임하게 사는 일, 그리하여 스스로 불행해지는 일은 없다. 스스로 자유로워질 것이니까.

결국 '옆집 아줌마' 이야기는 비교, 경쟁, 분열의 시스템이 만든 부산물에 불과하다. 따라서 사회구조 내지 시스템을 고치면 굳이 우리의 '옆집 아줌마'와 같은 느낌, 생각, 행동은 반복되지 않을 것이다. 그러나 생각해보라. 바로 그 시스템은 누가 바꾸는가? 이미 기득권을 누리는 자들이 과연 스스로 '혁명'을 할까? 기껏해야 '불쌍한' 학생들을 위해 '장학금' 좀 내놓는 '노블레스 오블리주noblesse oblige'를 실천하는 데 그칠 것이다. 물론 그 정도도 고맙지만, 사태의 본질은 한 걸음 더 나가야 풀린다. 그것은 처음부터 불평등하지 않은 사회, 두루 고르게 사는 사회를 만드는 것이다. 달리 말해, 사회경제 불평등이 교육 불평등으로, 또 이것이 취업 불평등으로, 다시 사회경제 불평등으로 악순환하지 않는 사회를 만들어야 한다.

누가? 바로 우리가 해야 한다. 기득권층이 아니라고 생각하는 모든 시민이 스스로 모여 앉아 성찰해가야 한다. 촛불 광장처럼 광장에서 토론을 벌일 수도 있다. 무슨 일이건 시작은 '나부터'다. 우리 자신부터 변해야 하기 때문이다. 프랑크푸르트학파의 허버트 마르쿠제가 말했듯, "노예 해방을 위해선 노예 스스로 자유로워져야 한다." 이 말은 모든 책임을 개인의 무능이나 게으름 탓으로 돌리는 기득권층의 논리와 전혀 다르다. 나부터 시작하되 더불어 전진해야 한다! 물론 스스로 자유롭지 않으면 결코 인간 해방은 없다!

나부터 줏대를 세우고 (더 평등하고 더 민주적인 사회를 위해) 꿋꿋이 자신만의 길을 간다면, 나아가 그런 줏대 있는 사람들이 '더불어' 같은 길을 걸어간다면, 우리 각자가 가진 두려움은 어느새 사라지고 오히려 즐거움과 행복감이 충만해질 것이다. 『철학자와 하녀』를 쓴 고병권 선생이 말하듯, "역설적이게도 각자의 구원은 서로에게서 오는" 것일 수 있다. 마치 천국의 식당에서 사람들이 긴 젓가락으로 상대방을 먹여주는 것처럼 말이다. 어른들이 서로 살리는 일을 해나가면서 아이들과 손잡고 나가야 한다. 이것은 마치 인류학자 데이비드 그레이버가 『우리만 모르는 민주주의』에서 강조하듯, "다른 이들을 성인처럼 행동하도록 격려하기 위한 유일한 방법은 그들이 이미 성인인 것처럼 다루는 것"이기 때문이다. 상대방을 아이 다루듯 한다면 상대방 역시 아이처럼 굴게 된다. 상대에 대한 존중과 배려가 곧 민주주의의 미시적 기초란 뜻이다.

아이들도 그런 어른들을 보면서 더 건강하고 멋지게 자라날 것이다. 그렇게 되면 더 이상 우리의 '옆집 아줌마'들은 골치가 아니라 동지가 될 것이다. 옆집 아줌마들이여, 마치 새가 껍데기를 깨고 새 세상을 향해 날아가듯, 상대평가라는 비교의 껍데기를 버리고 새 세상으로 더불어 나아가라! 그것이 아이와 부모 모두에게 행복의 길이고 교육 민주주의의 출발점이니까!

경제 민주주의, 무엇이 문제인가?*

○ 경제 민주화라니, 도대체 어떻게 한단 말이죠?

"민주주의는 공장 문 앞에서 멈춘다"라는 말이 있죠? 우리가 아무리 정치 민주화를 이뤄 대통령을 잘 뽑아도, 우리의 노동 과정이나 경제생활을 돌아보면 별로 민주적이

* 이 글은 원래 《녹색평론》 2017년 9-10월호에 게재된 것으로, 독자들에게 알기 쉽게 하기 위해 대담 형식으로 구성했다. 이 책을 위해 부분적으로 수정·보완을 했다. 저자가 보기에 촛불 정부 이후에도 여전히 민주주의가 미완성인 까닭은 크게 두 가지 걸림돌로 설명할 수 있다. 한편으로는 자유한국당으로 상징되는 반공 수구 기득권 집단 및 그 맹목적 추종 세력의 존재이며, 다른 편으로는 자본주의 상품 물신주의를 벗어나 그 너머를 상상하지 못하는 개혁 세력 내지 현실적 대안 세력의 자체 한계다. 참된 경제 민주화, 나아가 참된 민주주의는 바로 이 모든 걸림돌을 넘어서야만 현실화할 수 있을 것이라 본다. 경제 민주화 내지 민주주의에 대한 심층 토론을 전 사회적으로 그리고 지속적으로 활성화해야 하는 이유이다.

지 않다는 뜻입니다. 사람들이 회사에 가면 거긴 민주주의가 아니라 독재가 판을 치죠. 영화 〈군함도〉의 첫 장면엔 무려 1,000미터 지하 탄광에서 사람들이 채찍을 맞으며 노예처럼 일합니다. 아주 끔찍해요. 물론 그때는 일본 제국주의, 군국주의 시절이니 당연하죠. 하지만 '민주화 이후'라고 하는 지금에도 회사마다 문제가 많습니다. 예컨대 재벌 회장 앞에 임원들이 벌벌 긴다는 이야기나 '땅콩 회항' 사건처럼 노동자들이 상사에게 겪는 모멸들이 그것입니다. 우리가 '민주적으로 뽑은' 정치인들 또한 노동자나 시민을 보는 눈이 매우 반민주적입니다. 대표적으로, 이언주 의원이 "밥하는 동네 아줌마…"라고 한 것이나 김학철 도의원이 "국민들이 레밍(집단행동하는 설치류) 같다는 생각이 드네요"라 했죠. 이른바 배웠다는 사람들조차 이런 정도이니, 우리의 생활 과정이나 노동 과정에서 민주화가 제대로 이뤄져야 합니다. 그래서 경제 민주화가 중요합니다.

○ 우리나라 헌법에 나오는 '경제 민주화' 개념의 뿌리는 어떻게 되나요?

우선 1987년 민주화 운동의 산물인 개정 헌법(현행) 119조는 개인과 기업의 경제적 자유라는 기본 위에서 '시장의 실패'를 보완하는 경제 민주화 개념을 명시했습니다. 그래서 균형 성장, 적정 분배, 남용 방지, 주체 조화를 내용으로 하는 경제 민주화를 위해 국가의 경제 개입(규제와 조정)을 보장합니다.

흥미롭게도 이는 (조소앙의 삼균주의를 반영한) 1948년 제헌헌법을 계승했습니다. 당시 금융을 포함해 중요 산업 및 자연력의 국공유 조항도 있었고, 사회 정의와 균형 발전이라는 기본 위에 경제적 자유를 보장했습니다. 또 노동자 이익 균점권도 명시했고요. 경제 민주화란 말은 없지만 그런 내용을 담았죠. 그것이 1987년 6월 항쟁과 노동자 대투쟁, 직선제 개헌 와중에 당시 보수 여당(김종인 국회개헌특위 경제분과 위원장) 주도로 '경제 민주화'라 명시했습니다.

원래 이 경제 민주화 개념의 뿌리는 독일이죠. 바이마르 공화국 시절(1919~1933)이던 1928년, 독일 노총ADGB 연구소장 F. 나프탈리 박사가 (소련식과는 다른) 아래로부터 경제 민주화를 구현코자 『경제 민주주의Wirtschaftsdemokratie』를 펴냈어요. 크게 세 차원이죠. 첫째는 전국 차원에서 노동권 보호 및 사회보장 구축, 경제정책 결정 기구에의 평등 참여, 노조의 참여하에 독점 및 카르텔 통제, 산업 전반의 자주 관리, 기업의 공공 관리, 협동조합 및 전문학교를 통한 농업의 민주적 관리, 노조 자체 기업의 설립, 소비자 조직 촉진, 교육 독점 타파 등이고요. 둘째로 기업 차원에서 노사 공동 결정제가 핵심입니다. 특히 감독이사회(결정)나 경영이사회(집행)에의 노동자 대표 참여가 중요해요. 셋째로 작업장 차원에선 노동자평의회Betriebsrat를 통한 자주 관리 및 일반 노동자의 발언권 확대가 핵심입니다. 즉 독일에서 경제 민주화란 자본 소유에 근거한 경제적 지배의 철폐가 목표였습니다. 물론 그게 제2차 세계대전 뒤 각종 공동결정법으로 구조화하면서 '제도적 순치'가 되었지만요. 그럼에도 요즘 독일은 경제 민주화 선진국입니다.

덧붙이면 영국이나 미국에선 경제 민주주의보다 '산업 민주주의'란 말을 씁니다. 원래 웹Webb 부부가 1897년에 『산업 민주주의Industrial Democracy』란 책을 냈는데, 노동조합과 단체교섭이 핵심입니다. "내가 내 회사의 주인"이라던 독일 A. 크룹(1984~1902)이나 "내 눈에 흙이 들어가기 전엔 노조는 안 돼!"라던 이병철(1910~1987) 삼성 재벌의 입장과 반대죠. 이걸 좀 생각해보면, 노동력 상품과 임금의 교환 공간이 노동시장인데, 바로 이 노동시장에서 노동 대표와 자본 대표가 협상을 벌여 노동 조건을 결정하는 것이 산업 민주주의란 거죠. 물론 처음엔 임금이나 시간 위주의 교섭이지만, 나중엔 현장 환경이나 산재, 작업조직, 신기술 도입

등 노동 과정 역시 교섭 대상입니다.

이런 면에서 영미권의 산업 민주주의란 독일의 경제 민주주의와는 달리 그 폭이 좁습니다. 생산 현장 중심이죠. 독일의 경제 민주주의는 사회경제 시스템 전반을 민주화한다는 구상인데, 영미식 산업 민주주의는 현장 노동자의 집단 권리(단결권, 교섭권, 행동권, 참여권) 보장을 골간으로 합니다(그러나 이 독일의 경제 민주주의 개념 역시, 자본주의 자체의 지양이냐 아니면 자본주의 내에서의 민주화냐 하는 내재적 문제를 안고 있죠). 물론 이런 점에 견주면, 우리 헌법의 경제 민주화 조항은 균형 성장, 적정 분배, 남용 방지, 주체 조화 등을 담고 있어, 영미식 산업 민주주의보다 범위는 넓지만 내용이 좀 추상적이죠. 특히 국가의 경제 개입을 강조하는 점에서 민주화라기보다 국가화입니다.

○ 1948년 제헌헌법 관련 내용을 좀 더 자세히 들을 수 있을까요?

사실 1948년 제헌헌법을 만들 때만 해도 다양한 의견이 있었다고 해요. 그런데 경제 민주화와 관련해서 중요한 것은 18조의 노동자 이익 균점권입니다. 민간 기업에서 생산 활동으로 수익이 나오면 노동자들 또한 균등 배분의 기본권이 있다는 겁니다. 물론 노동자 경영 참여권이 빠져 불완전하긴 해요. 그리고 85조와 87조에선 금융·보험업을 포함한 주요 산업이나 국토·자원의 국공유 및 국가 통제를 명시했습니다. 특히 84조에선 "(한국의) 경제 질서는 모든 국민에게 생활의 기본적 수요를 충족할 수 있게 하는 사회정의의 실현과 균형 있는 국민경제의 발전을 기함을 기본으로 삼는다. 각인의 경제상 자유는 이 한계 내에서 보장된다"고 했는데, 이것이 박정희 뒤로 앞뒤가 바뀌죠. 즉 한국의 경제 질서는 경제상 자유가 기본이고, 그 위에 국가 개입(경제 민주화를 위한 규제와 조정)이 가능하다, 이거죠.

○ 그러면 2016년 가을 이후 촛불혁명의 관점에서 경제 민주화를 어떻게 봐야 할까요?

제헌헌법의 기본 정신을 봤는데요. "삶의 필요, 사회 정의, 균형 발전" 등이 키워드입니다. 생활의 기본수요 충족이 결국, 삶의 필요 충족이고 인간다운 삶이죠. 국가나 기업이 국민의 인간적 삶을 위해 존재한다는 정신이 중요해요. 그를 위해 사회 정의를 실현하고 (기업과 사회 전반에서) 노동자나 시민들의 의사결정 참여를 보장해야 합니다.

○ 보통사람 입장에서 경제 민주화를 이룬다고 할 때 가장 시급한 게 뭘까요?

사실 평범한 사람들은 "경제 민주화보다 당장의 밥벌이가 중요하다"고 합니다. 틀린 말은 아닙니다. 그런데 당장의 밥벌이가 뭐죠? 일자리와 돈이죠. 갈수록 일자리는 줄어들고 제대로 된 일자리도 없어요. 기껏해야 '3D 노동'이나 '알바' 정도만 늘죠. 이런 일자리로는 밥벌이가 어렵죠. 집세 내기도 힘들고 아이들 낳아 기르기도 두렵죠. 왜 그렇죠? 일자리가 줄어드는 건 인건비 경쟁 때문입니다. 각종 기술도 발달하면서 갈수록 사람 설 자리가 사라지죠. 어렵게 취업해도, 어때요? 하루 8시간 일한 뒤 '칼퇴근'도 힘들고, 소신 없이 상사 눈치 봐야 하고, 심하면 모욕도 당하잖아요? 정규직도 그런데 비정규직은 말할 나위 없죠. 또 집세가 오르는 이유는 집을 돈으로 보기 때문입니다. 육아도 돈이고 학교도 돈이죠. 바로 이 문제들을 모두 제대로 하는 게 곧 '경제 민주화'죠. 촛불혁명으로 '혼이 비정상'인 대통령을 몰아내고 '혼이 정상'인 새 대통령을 뽑았지만, 이 문제들을 제대로 풀지 못하면 '헛수고'입니다.

그래서 예컨대 제대로 된 일자리도 만들고 노동시간도 단축하고, 청년들이 자신의 꿈에 따라 공부하고 나와도 고른 대우를 받으며, 노동자들이 당당하게 목소리를 낼 수 있는 노동조합이나 경영 참여도 적극적으로 보장하고, 주거나 교육, 의료나 노후 문제를 사회 공공성 차원에서 해결해내는 새 해법들이 나와야 합니다. 즉 경제 민주화란 살림살이를 행복하게 하자는 거죠.

○ 일반적으로 말하는 경제 민주화가 이뤄지더라도 뭔가 아직 부족한 것 같은데요?

그렇죠. 일례로 백남기 어르신으로 상징되는 농민들, 즉 농업 분야나, 좀 전에 집세 이야기를 했지만, 부동산 분야 같은 것을 빼고선 여전히 '2% 부족'이죠.

우선 농민들을 보죠. 한 가정의 밥상은 엄마나 아빠가 차리지만 온 사회의 밥상은 누가 차리죠? 농민들이죠. 이들이 없다면 우리는 외국에서 식량을 사야 합니다. 자유무역협정(FTA)이 있으니 괜찮다고요? 두 가지만 보죠. 수입 농산물 가격? 앞으로 오를 일만 있지 내려가진 않아요. 비싸지면

서민은 굶어야죠. 다음으로 안전성? 수입 농수산물은 농약, 제초제, 방부제투성이죠. 유전자 조작도 많고, 후쿠시마처럼 방사능도 많아요. 이러니 현재 우리나라 곡물 자급률 23%는 대단히 위험한 상황이죠. 그것도 석유를 쓰는 농사이니 순수 자급률은 5%도 안 된다고 합니다. 현재 70, 80대 농민들이 돌아가시면 농촌을 이을 사람이 거의 없습니다. 젊은 귀농자들이 있지만 역부족이죠. 예컨대 농업을 공익 사업으로 규정하고, 농산물 전량 공공 구매제나 농민 공무원제를 실시해야 한다고 봐요. 농민이 아무 걱정 없이 생산에 종사할 수 있게 온 나라가 도와야죠. 농산물을 공산품 논리로 취급하면 안 되거든요. 이게 돼야 경제 민주화가 좀 온전해지죠. 또 그렇게 되면 청년들도 농어촌으로 몰려갈 거예요.

또 다른 하나는 부동산인데요. 땅을 '부동산'이라 보는 자체가 실은 땅에 대한 모욕입니다. 1854년 북미 시애틀 추장의 편지에도 나오듯, "땅과 그 위에 사는 모든 생명체가 우리의 형제자매들"이죠. 그런데 오늘날 우리는, 마치 다카기 진자부로 교수가 『지금 자연을 어떻게 볼 것인가』에서 말한 것처럼, 사람과 땅을 철저히 분리해서 보는 근대적 자연관을 갖고 있죠. 달리 말해, 인간 스스로 자본주의 교환가치에 깊이 물들어 땅도 돈으로 보는 거예요. 제가 1999년부터 시골에 집을 짓고 텃밭을 일구며 사는데, 가끔 사람들이

"강 교수는 선견지명이 있어. 어떻게 세종시가 건설될 줄 알고 시골에 집을 다 지었나? 요즘 거기 땅값이 평당 얼마죠?"라 물어요. 제 대답은 이래요. "그런 질문 하는 이를 가장 싫어해요."

저는 경제 민주화 관점에서 땅은 사고팔지 못하게 해야 한다고 봐요. 그냥 임대하는 것입니다. 건물(집)은 가능하겠죠. 다만 평당 얼마 이상은 받지 못하게 해야 임대인 인권이 보장되죠. 경제 민주화가 완성 단계로 가면 집이나 건물도 잠시 빌려 쓰는 거로 가야죠. 반면 지금의 부동산 경제는 집과 땅을 재산 증식 수단으로 여기니 아주 큰 문제입니다. 최근 고위 공직자 청문회에서는 부동산에 투기하지 않고 부자가 된 경우를 보기 어렵습니다. 돈과 정보 많고 머리 잘 굴리면 손쉽게 부자가 돼요. 대신 졸부가 많죠. '빈익빈 부익부' 현상의 핵심엔 투기 경제가 있죠. 현재 가계 부채가 무려 1,500조 원이라 하는데, 이게 정부 예산 400조의 몇 배죠? 1년 총생산액GDP 수준이죠. 개인과 기업, 정부가 1년 내내 생산한 부가가치 총합이 가계 부채와 같으니, 지금 우리가 헛사는 거죠. 그래서 경제 민주화를 위해서는 먼저 투기나 거품을 잡아야 합니다.

○ 나라 안팎에 경제 민주화가 잘된 사례는 어디에 있나요?

독일이나 스위스, 오스트리아, 덴마크, 노르웨이, 스웨덴 등이죠. 경제 민주화를 산업 현장만이 아니라 아이부터 노인까지 삶의 전 과정으로 볼 때, 이 나라들은 우리 제헌헌법처럼 "삶의 필요, 사회 정의, 균형 발전"에 비교적 충실해요.

산업 현장에도 노동자평의회나 노동이사제를 운영합니다. 평의회는 경영 측과 직접적인 노동 과정을 협의하고 공동결정도 할 수 있어요. 또 노동자 대표가 감독이사회나 경영이사회에 참여할 수 있어 전략적 의사결정에 목소리를 냅니다. 그리고 산별 노조는 산별, 업종별 주요 의사결정에 참여하고요. 그러다 보니, 노사 간, 노정 간 갈등도 예방돼요.

제가 최근 공동 결정제가 강하게 실시되는 나라들과 약한 나라들의 파업률(노동자 1,000명당 파업 손실 일수)을 비교한 결과, 앞 그룹의 평균은 3.9, 뒤 그룹은 62로 나타났어요. 공동결정, 즉 노동자의 경영 참여가 보장될수록 노사 갈등 소지가 현저히 줄어듭니다.

한편 세계 각국엔 협동조합형 기업체들이 꽤 있는데, 개인소유나 주식회사형 기업보다 협동조합형 기업이 그 자체로 경제 민주화의 모범을 보여줍니다. 협동조합은 조합원들이 소유주이면서도 노동자나 경영자 역할을 하기에 소유

관계나 노동 과정, 분배 문제에서 소외되지 않죠. 일례로 스페인의 협동조합 복합체 몬드라곤은 2008년 세계 금융위기로 한 업체가 위기에 처하자 그 직원들을 다른 곳으로 분산 배치해 고용을 안정화했다고 합니다. 그들은 사회적으로 의미 있는 제품을 만들어 팔기에 노동의 의미나 보람도 느끼죠. 월급도 말단 직원과 대표 이사 사이에 10배 이상 차이가 나지 않고요. 놀랍게도 우리나라 해피 브릿지(국수회사)란 협동조합은 그 격차가 2배밖에 나지 않아요. 또 협동조합은 아니지만 경제 민주화를 이룬 회사도 있는데, 충북 청주의 우진교통이죠. 형식상 주식회사지만 노동자 자주 관리를 하면서 버스 기사들이 주주로 참여하고 선거를 통해 대표 이사를 뽑아요.

물론 참여participation란 말이 상징하듯, 우리가 전반적 과정의 일부part가 되는 것, 그래서 그 무엇이건 함께 만드는 것이 중요해요. 고병권 선생의 『철학자와 하녀』에도 나오듯, 우리가 소유에만 집착하면 "보고 듣고 냄새 맡고 맛보고 느끼고 생각하고 관조하고 자각하고 바라고 활동하고 사랑하는 것"을 모두 잃게 되어 극심한 빈곤에 빠지는 역설이 생깁니다.

이런 식으로 국가가 법으로 정해서 경제 민주화를 이뤄내는 길과 협동조합이나 자주 관리처럼 노동자들이 아래로부터 경제 민주화를 만드는 길 등 두 가지가 있어요. 당연히 이 둘이 같이 가는 게 이상적입니다. 만일 모든 나라에서 경제 민주화가 되면, 핵발전이나 핵무기, 지구 온난화, 석유 및 자원 고갈, 전쟁 위기 등 범지구적 문제 또한 쉽게 풀겠죠.

○ 경제 민주화가 된다면 재벌들은 어떻게 되어야 하나요?

쉬운 문제는 아닌데요. 저는 재벌의 핵심 문제가 정경 유착과 경영 세습, 독점 횡포 등 3가지라 봅니다. 지난 70년 이상 한국은 '국가-재벌 복합체'가 정치경제 권력을 독점해 왔죠. 물론 1997년 말 'IMF 경제위기' 이후 재벌이 국가보다 우위에 서긴 했습니다. 얼마 전 박근혜-최순실 사태는 '재벌-국가 복합체'가 얼마나 부패할 수 있는지 잘 보여주었죠.

그런데 솔직히 정치와 경제는 분리하기 어려워요. 정치 민주화, 경제 민주화가 따로 있는 게 아니죠. '정치경제 민주화'는 하나이기 때문입니다. 그래서 '정치 민주화는 되었는데 아직 경제 민주화가 멀었다'고 하는 건, 마치 '로미오는 읽었는데 줄리엣은 못 읽었다'는 이야기나 같죠.

그러나 정치와 경제가 분리될 수 없다는 말이 곧 정경유

착을 정당화하는 말은 아닙니다. 중요한 건 '무엇을 위한' 정치경제냐, 이거죠. 국민 대중의 삶을 향상하는 방향, 진정한 국민 행복의 방향에서 정치경제가 협동해야 하는데, 정치경제 엘리트들의 부패 네트워크를 위해 나머지 국민을 기만, 억압, 착취, 수탈하는 정경유착이 문제죠. 이건 국정농단을 넘어 사회 파탄 죄여요. 검찰 역시 올바로 서야 이런 걸 단죄할 텐데….

그렇게 국민 행복을 향한 정경협력이 제대로 되면, 경영 세습 문제도 해결되겠죠. 흔히 북한의 권력 세습을 욕하는데, 남한의 경영 세습도 자유롭지 못해요. 심지어 모 자동차 회사의 경우는 노동자가 고용 세습까지 요구한 적 있죠. 특권 세습이란 정치경제 민주화 관점에서 잘못된 거죠. 바람직한 건, 해당 회사 노동자들이 사장을 선거로 뽑는 거예요. 인품이나 능력 면에서 가장 훌륭한 이들을 3명 정도 뽑은 뒤에 제비뽑기로 최종적으로 결정할 수 있겠죠.

다음으로 독점 횡포 문제는 수직적 하청 계열화 속에서 대기업이 중소기업들을 수탈하는 갑을관계, 가격 담합 등 소비자 농간, 일감 몰아주기, 노동자 차별과 억압을 타파해야 합니다. 경제 주체 간 수평적 협동 관계가 대안이죠. 그 속에서 적정 수익을 내고 공정 분배하면 상생이 가능해요. 물론 말은 쉽지만 실은 어렵습니다. 그간 관행과 잘못된 신념, 이해관계 때문입니다. 그러나 같은 조건에서도 수직적 명령–복종 관계를 수평적 연대–협력 관계로 전환하면 여러 새로운 힘이 솟구치는 경험을 할 수 있어요.

일례로 스웨덴의 발렌베리 그룹을 들 수 있습니다. 한국의 재벌과 비슷하지만, 황제경영이나 갑질 관계가 없고 연관 회사들과 독립적이고 수평적인 협력 관계를 맺어요. 또 우진교통도 처음엔 사장 주도의 수직적 조직이었으나 회사 부도와 임금 체불을 계기로 노동자들이 인수한 뒤엔 수평 조직으로 변신했습니다. 노동자들이 관리의 대상이 아니라 주체로 재정립되니 '일할 맛'이 나는 겁니다. 내재적 동기 부여죠. 자연히 직무만족도 높아지고 지식이나 경험, 정보 공유가 원활해 조직 효율성이 높아져요. 그 성과를 직원들이 고루 나누니 만족도 더 높아 누구도 이직하지 않습니다. 지금의 재벌들처럼 하청업체나 노동자를 극한까지 쥐어짜 결국 자기들끼리만 나눠 먹으려 하는 한, 희망이 없어요.

○ 경제 민주화가 된다면 노동 문제는 어떻게 되나요?

쉽진 않지만, 간단히 보겠습니다. 원래 경제 민주화 논의의 출발점에 노동 문제가 있었죠. 자본주의에서 정치와 경제를 분리해 보니까 생기는 문제죠. 자본주의 사회의 정치란 실은 자본을 위해 존재해요. 그나마 정치 민주화라도 되는 건 노동·시민의 압박 때문입니다. 그러나 노동자가 원하는 실질적 민주화는 여전히 부족합니다. 그래서 경제 민주화 요구가 나옵니다.

물론 기업 차원에서는 노조를 인정하고 노동자가 경영 과정에 참여해 목소리를 제대로 내는 게 핵심이지만, 이게 가능하려면 자주 관리 회사처럼 노동자 지분이 어느 정도 있어야 합니다. 전자는 결정 참가, 후자는 소유 참가죠. 그렇게 되면 회사의 성과 배분, 즉 분배 참가도 자연스럽게 이뤄지죠. 이렇게 소유 참가, 결정 참가, 분배 참가가 잘되는 것을 기업 차원에서 경제 민주화라 할 수 있어요.

또 산별이나 업종 차원에서는 과연 그 생산물이 사회·생태적으로 건강한지, 또 종사자들이 인간다운 삶의 조건을 누리는지에 대해 산별 노·사·공익 대표들이 머리를 맞대고 협의, 결정해야 경제 민주화가 되겠죠. 특히 비정규직과 여성, 이주노동자 차별을 완전 해소해야 합니다.

전 사회 차원에선 농업이나 한미 FTA, 일자리나 노동시간 단축 문제, 세금 문제, 무상교육, 기본소득, 에너지, 지구온난화, 미세먼지 등과 관련, 조직된 시민들이나 농민·노동자들, 그리고 각 지역 민초들이 의견을 내고 충분한 토론을 거쳐 합의를 이루는 게 경제 민주화입니다. 여기서 중요한 건 한편으로는 시민, 학생, 노동자, 농민 등이 깨어난 주체로 서는 것, 다른 편으론 시민들의 자유 발언 기회를 정부가 보장, 경청한 뒤 정책으로 구현하는 거죠.

○ 경제 민주화가 된다면 경제성장 문제는 어떻게 되나요?

'뉴노멀new normal'이란 말이 있죠? 세계 경제가 꾸준히 3% 이상 성장해온 미국 같은 선진국의 경제 질서를 올드 노멀(오래된 정상)이라 한다면, 2008년 세계 금융 위기 이후 저성장·저금리·저물가·고실업·고부채·고규제 등이 새 정상(표준)이란 거죠. 그래서 요즘 저성장 시대의 새 전략 같은 것이 많이 논의됩니다.

그런데 여기엔 두 가지 함정이 있어요. 하나는 '뉴노멀'이라는 괜히 멋있게 보이는 말을 씀으로써 세계 금융 위기 이후 세계 경제가 공황에 빠졌다는 진실을 숨깁니다. 그러면서도 '신성장 동력'을 찾아야 한다며 괜스레 호들갑을 떱니다. 진실로 '저성장' 시대를 인정한다면, 이제는 성장 패러다임이 아니라 (절약과 나눔을 핵심으로 하는) 성숙 패러다임을 고심해야죠.

두 번째 함정은 바로 경제 성장 그 자체의 문제죠. 지금까진 경제 성장을 당연시했어요. 그 근본 원인은 한편으로 (인간의) 탐욕, 다른 편으로 (은행의) 이자예요. 특히 은행 이자 자체가 원금보다 더 많이 갚아야 하니, 개인이나 기업이 돈을 빌린 경우, 그보다 더 많이 벌어야 합니다. 갈수록 더 많이 만들고 팔아야 하니 '무한' 성장이 지상 과제죠. 이런 구조에선 모두가 경제 성장 중독증이란 그물에 빠집니다. 그러다 보니 지금도 사람들은 저'성장'이니 마이너스 '성장'이니 하면서 '성장'에 집착합니다.

그런데 사람의 키나 나무의 키가 어느 정도 성장하면 더는 자라지 않듯 경제도 마찬가지입니다. 아까 제헌헌법에서 "국민 생활의 기본수요 충족"이 나왔는데, 이 수요란 원래 필요needs예요. 인간적 욕구나 필요human needs 말이죠. 근데 우리 욕구나 필요는 무한하지 않아요. 배고프면 밥 한 그릇이면 되고, 졸리면 좀 자면 기분 좋죠. 무한히 먹거나 잘 필요가 없어요. 간디 선생은 "인간의 필요 충족을 위해선 지구 하나도 충분하지만, 인간의 탐욕을 위해선 지구 서너 개도 모자란다"라고 말했습니다. '충분함의 미학'이랄까, 이게 필요해요.

만일 '뉴노멀'을 진지하게 수용한다면 이제 우리는 지극히 검소·절약하면서도 재생·공유·공생을 실천해야 합니다. 이게 성숙한 인간적 욕구(필요)죠. 이에 근거한 정치경제 민주화가 새 시대정신Zeitgeist이라 봐요.

흥미롭게도 이 인간적 욕구나 필요를 수요(공급)로 바꾸는 것이 경제학이고, (구매) 욕망으로 바꾸는 것이 경영학입니다. 학문이란 게 참 우습죠. 이걸 잘 보면 흥미로워요. 원래 인간적 욕구나 필요란 사람이 주체적으로 느끼는 거죠. "배고파, 뭘 좀 먹고 싶어" 하는 것처럼. 그런데 경제학에서는 "수요가 발생했으니 상품을 공급해야지"라며 인간을 대상화합니다. 그리고 경영학 중 마케팅은 "당신 욕망을 채우려면 이 상품을 구매하라"며 가짜-주체화를 해요. 대상화의 다른 형태죠. 마치, "친구가 어떻게 지내냐고 물었다. 그래서 조용히 내 차를 보여주었다"라는 광고 카피처럼요. 그냥 "잘 지내, 고마워" 하면 될 걸, 굳이 비싼 상품으로 자신을 표현해야 하니, 주체화가 아니라 대상화 내지 속물화죠. 이런 게 자본주의 학문입니다.

최근 최저임금 인상 국면에 나온 '소득 주도 성장'이란 말도 실은 새로운 게 아닙니다. 노동자의 호주머니가 두둑해야 소비가 활성화해서 경제가 성장한다는 건데, 이미 1930년대 케인스의 아이디어죠. 여전한 '성장' 패러다임이죠. 이제는 성장을 벗어나 성숙 패러다임이 필요한 때입니다. 시장이냐 국가냐, 자본이냐 노동이냐, 주주냐 이해관계

자냐, 대기업이냐 중소기업이냐, 수출이냐 내수냐 사이에서 외줄 게임을 할 게 아니라, 삶의 근본과 지속 가능성을 생각하는 관점이 필요해요.

○ 정치경제 민주화가 이뤄진다면 일반인들의 삶은 어떻게 달라질까요?

당연히 지금보다 훨씬 행복해지겠죠. 아이들은 아무 두려움 없이 꿈꿀 수 있고, 어른들은 아무 두려움 없이 사랑하고 아이를 낳고 잘 기를 수 있겠죠. 더는 '헬조선'이 아니라 행복한 나라니까요. 물론 이 모든 건 '지난한 과정'이라 긴 시행착오와 학습 과정이 필요해요. 시간도 걸리죠. 중요한 건 '나부터' 깨어난 시민으로 성장하고 성숙하면서 또 여럿이 '더불어' 토론하고 여론을 만드는 거죠. 또 현 선거 제도의 맹점을 고쳐가면서도(가령 연동형 비례대표제, 결선 투표제 등), 정치경제 민주화의 의지와 비전을 제대로 가진 사람들을 뽑아야죠. 이렇게 되면 일반인들조차 정치경제에 더 많은 관심과 책임감을 느끼게 됩니다.

○ 끝으로 이제 우리는 '정치경제 민주화'를 위해 무엇을 할 수 있나요?

이미 제법 이야기한 것 같은데요. 우선 우리 스스로 '정치경제 민주화'가 왜 필요한지, 그 내용은 어떤 건지에 대해 많은 소통이 필요합니다. 혼자 생각하는 것도 좋으나, 둥글게 모여 앉아 질문을 던지기 시작하는 게 중요해요. 성급한 답안보다 좋은 질문이 더 필요하다잖아요.

결국 '좋은 삶(인간다운 삶)'을 살자는 거 아니겠어요? 이걸 위해 정치경제 민주화도 필요하죠. 결국 노동 민주화, 교육 민주화, 복지 민주화라는 내용으로 압축됩니다. 또 이걸 위해서라도 우리 자신부터 삶의 자율성과 연대성을 실천해야 해요. 민주화를 결과가 아니라 '과정'으로 본다면, 매 순간 '숨' 쉬듯 '늘' 민주화를 생각하며 책임성 있게 살아야 해요. 세상 변화를 말할 때, 시스템과 사람이 있다면, 둘 다 중요하나 결국은 사람(주체)이 핵심입니다.

보통 이렇게 말하면, 대체로 "바로 그게 정말 어려워요"라고 해요. 그래서 한 말씀만 더 드리죠. 제가 시골에서 텃밭을 일구며 사는데, 여름철이 되면 풀이 무성해요. 아침저녁으로 매일 풀 뽑기 작업을 해요. 풀 중에서도 유난히 지독한 게 쇠비름, 쇠뜨기, 민들레 등이죠. 쇠비름은 줄기가 잘려 짓이겨지고 진물이 나도 뿌리 쪽엔 싱싱해요. 뿌리를 뽑아 툭 던져 놓으면 근처 흙에다 다시 뿌리를 내려 끝내 살아나요. 생명력이 대단합니다. 쇠뜨기나 민들레도 마찬가지죠. 이런 걸 보면서 저는 매일, "아, 풀뿌리 민주주의가 바로 이런 거구나"라고 느낍니다.

이렇게 온갖 풀뿌리가 보여주는 것처럼, 그 어떤 악조건 속에서도 질기게 살아가는 생명력, 바로 이거야말로 우리가 야생의 풀한테 진짜 배워야 하는 겁니다. 이 야생적 주체성, 이게 사회 변화의 근원적 에너지죠. 원래 풀뿌리 민초들에게 있었는데, 물질주의와 경쟁주의, 편리주의 앞에 우리가 잃어버린 거죠. 이 야생적 주체성을 회복하는 만큼 정치경제 민주화가 쉬워진다고 봅니다. 바로 그때 비로소 생동성 민주주의가 구현되겠지요. 고맙습니다.

제2장

공정성의 가치

시대착오적 노조 파괴, 반노동에 맞선 연대의 길

수십 명의 목숨을 앗아간 메르스 사태, 그리고 갈라진 논바닥에 소방 호스로 물주기 이벤트까지 연출했던 (박근혜) 대통령 동향 등, 웃지도 울지도 못하는 다양한 사건과 사고 뒤로 노동의 세계에서는 더욱 심각한 일이 진행되었다. 충남 아산시에 있는 '갑을오토텍'에서 폭력적 노조 파괴가 이뤄지고 있었기 때문이다.

특히 2015년 4월 특별근로감독과 압수수색을 실시한 노동부는 이 회사에서 다양한 범법 사실을 발견하고도 상응한 조치를 하지 않았다. 게다가 경찰과 검찰은 노사의 단체협상과 단체행동 과정에서 사측의 노골적 폭력 행위에 대해 수수방관으로 일관해, 도대체 이것이 '법치국가'인가 하는 회의를 낳았다. 여태껏 한국의 법치란 대체로 권력 남용 예방용이 아니라 민중 저항 통제용에 불과하다.

그런데 이 갑을오토텍 사태를 단순한 노조 폭력 사태 또는 단지 예외적인 기업의 사례로만 보아선 곤란하다. 이것은 최소한 1987년 이후 급성장한 민주노조운동에 대한 자본과 권력의 체계적 대응 과정이라는 큰 맥락에서 보아야 하고, 좀 더 구체적으로는 민주노조운동을 괴멸하기 위한 자본과 권력의 폭력적 공세가 갈수록 적나라하게 드러나는 국면이라고 본다. 경제 민주주의 내지 노동 민주주의 관점에서 '역사적 퇴행'인 셈이다.

우선 갑을오토텍이란 회사는 어떤 곳인가? 이 회사의 뿌리는 1962년 현대양행으로 거슬러 오른다. 1969년부터 열교환기 생산을 시작했다. 자동차에 필요한 라디에이터 또는 에어컨(공기조절장치)을 만든다. 약 50년간의 혁신과 기술 개발로 국내외에서 비교적 탄탄한 위상을 갖게 된 중견기업이다(자본금 약 450억 원, 직원 약 600명). 1980년엔 만도기계로 개칭했고, 1993년에 아산공장이 준공되었다. IMF 경제위기 때인 1999년에는 만도공조로 재탄생했고 2001~2002년엔 중국 공장들도 세웠다. 2003년엔 위니아만도로 재개칭했으며 2004년 미국 모딘코리아를 거쳐 2009년 말부터 갑을오토텍이란 이름으로 재탄생했다. 회사는 공식적으로 "변화, 혁신 및 도전의 열정으로 회사를 운영할 것"이라 선언했다.

그런데 문제는 실제 기업 운영, 특히 인사 노무 또는 노사 관계에서는 결코 기술 혁신 같은 혁신 정신으로 임하지 않는다는 점이다. 최근 폭력 사태, 그리고 그것을 준비하기까지 과정들을 보면 결코 '미래지향적인 혁신'이 아니라 대단히 '퇴행적인 고질병'을 앓는다는 의구심이 든다. 그것은 회사의 성장과 발전에 가장 기초가 되는 인간 노동에 대해 이를 존중하고 명실상부 동반자로 보는 것이 아니라 억압과 착취의 대상, 감시와 통제의 대상으로만 보기 때문이다.

실제로 갑을오토텍에서는 2015년 6월 들어, 그간 노사 임금 교섭이 진행되다 노사 간에 더는 의견을 일치할 가능성이 없자 민주노조가 합법 절차를 거쳐 전면 파업이라는 적법한 쟁의 행위에 돌입했다. 즉 노사가 임금 교섭을 개시한 지 두 달째, 10번째 교섭 절차가 진행되도록 사용자 측은 교섭에 나오지 않거나 교섭안을 내지 않고 회피해왔다. 정당한 이유 없이 교섭을 게을리하는 것은 노동법상 부당 노동행위로, 위법이다. 그래서 민주노조(금속노조) 산하인 갑을오토텍 지회는 2015년 5월 29일 임금 교섭 관련 쟁의 행위 찬반투표를 했고, 그 결과 투표인원 대비 96.19%의 찬성률로 파업이 가결됐다. 충남지방노동위원회는 6월 1일

'조정 중지' 결정을 내려 갑을오토텍지회는 합법적인 쟁의권을 확보했다. 그렇게 파업이 진행되던 중 (복수노조가 가능한 상황을 이용, 회사의 지원에 의해 이미 3월 12일에 만들어진) 기업노조 구성원 50여 명이 폭력 사태를 일으켰다. 즉 이들은 6월 17일 민주노조의 파업 집회 현장에서 부착 선전물 등을 일방 훼손하며 연좌 농성 등 합법적 쟁의 행위를 폭압적으로 방해했다. 나아가 민주노조원 20여 명을 극심하게 집단 폭행했다. 그런데 이들은 단순히 회사를 걱정하는 일반 직원들이 아니라 아예 처음부터 민주노조 파괴를 목적으로 하는 '용병'으로 채용된 신입사원들이란 점에서 기존의 모습과 다른 차원을 드러냈다. 과연 이들의 정체는 무엇인가?

회사는 2014년 말, 전체 기능직의 10%가 넘는 60여 명을 무더기 채용했다. 그리하여 신입사원 중 53명이 2015년 3월에 설립된 어용적 기업노조의 조합원이 되었다. 회사는 민주노조인 전국금속노조 갑을오토텍 지회를 파괴할 목적으로 전직 경찰과 특전사 출신, 회사 용역 출신들을 조직적으로 채용했다. '기존 노조를 파괴하기 위한 조직적 위장 취업'이었다. 노동자 측 김상은 변호사에 따르면, "기업노조의 핵심인물인 김모 씨 등 18명은 이미 2014년 10월~11월경 갑을오토텍 계열사인 동국실업에 위장 취업했고, 이 가운데 2명이 노사 교섭 시 사용자 측 위원으로 참여했다."

이들이 다시금 갑을오토텍에서 기업노조의 주축을 이루며 민주노조 파괴의 용병이 된 것이다.

민주노조에 따르면, 사용자 측은 정식 직급체계와 별도로 이들 신입사원 60명을 3집단으로 구분, 차등 관리해왔다. 즉 팀장급 20명에겐 연봉 5,000만 원, 조장급 20명에겐 연봉 4,000만 원을, 그리고 그중 가장 핵심적 역할을 하는 김모씨에게는 팀장보다 훨씬 많은 급여를 지급했다. 이들은 신입사원임에도 급여 수준이 원래 갑을오토텍 신입사원의 경우(연봉 약 3,100만 원)보다 훨씬 많았다. 노동 수행으로 버는 돈보다 노동 탄압으로 버는 돈이 더 많은 역설이다. 자본에게 노동 탄압이 얼마나 중요한지 방증한다.

나아가 2015년 6월 17일 당일, 현장에 있던 14개 중대 병력의 경찰들도 기업노조원들의 노골적 폭력을 행사하는 '현행범'을 체포하지 않고 수수방관했다. 즉 경찰은 사용자 측이 기업노조 사무실인 경비실(!) 2층의 유리창 파손 등 시설보호 요청을 하는 바람에 현장에 있었지만, 불법 폭력을 막지 않고 오히려 당일 집회에 연대 차원에서 참여한 노동 활동가들의 정문 출입을 막았다. 경찰이 기본적인 직무유기를 함과 동시에 민주노조 말살 과정에서 회사와 공범 역할을 적극적으로 수행한 셈이다. 이렇게 하라고 국민이 혈세를 내는 것은 아닐 터인데도 말이다. 경찰로 상징되는 국가 기구가 자본을 위해 어떤 일을 하는지 증명한 셈이다.

《미디어충청》 정재은 기자에 따르면, 갑을오토텍 기업노조는, 그 이후인 6월 21일 새벽 5시경 기숙사에서 나와 회사 정문에 모여 공장 진입을 시도했다. 전직 경찰과 특전사 출신 등으로 위장 취업 의혹을 받는 이들 기업노조원 45명 정도가 (마치 1950년 6월 25일 한국전쟁 발발 때처럼) 모두 잠든 '일요일 새벽'에 생산라인이 멈춰 있는 시각에 출근해 (저항하는 노동자들에 맞서서) 공장을 돌리겠다고 작정하고 나선 것이다. 이들은 애국가를 부른 뒤 (파업 노동자를 해산시키기 위해) 각목을 들고 공장 진입을 시도했는데, 그 과정에서 일부 경찰과 충돌도 일어났다. 경찰의 폭력 방조 책임에 대한 비판을 의식한 대응이었다. 이 과정에서 이들 중 한 명이 경찰과 충돌해 심하게 다치기도 했다. 요컨대 당시 갑을오토텍 생산 현장에서는 자본 이윤 진영과 노동 인권 진영 사이에 '전쟁'이 벌어졌다. 이것은 마치 해방 직후, 진보적인 전평(조선노동조합전국평의회, 1945.11.) 중심의 노동운동을 깨기 위해 당시 깡패들 중심으로 대한독립촉성노동총연맹(1946.3. 한국노총의 기원)이 급조되었던 역사를 상기한다. 세계사가 그러하듯, 자본운동과 노동운동은 숙명적으로 계급투쟁을 수행하는 경향이 있다.

이 모든 일은 무엇을 말하는가? 그것은 앞서도 말했듯이,

노동 현장과 관련해 벌어지는 일련의 사태들이 단순한 개별적인 예외 사례가 아니라 민주노동운동이라는 큰 흐름을 자본과 권력의 입장에서 유리하게 돌려놓기 위한 전략의 일환이다.

생각해보면 1980년대 이후의 노동운동은 해방 이후 억압되었던 인권과 노동권, 즉 인간다운 삶의 권리를 집합적으로 실현하려는 거대한 흐름으로 발전했다. 1987년 6월 항쟁 이후 7~9월의 노동자 대투쟁도 그런 흐름 속에서 이해할 수 있고, 그 이후 1989년 전교조 건설, 1990년 전노협 건설, 대노협(대기업노조협의회) 건설, 업종별, 지역별 노조협의회 건설, 그리고 마침내 1995년의 민주노총 건설은 한국의 역사에서 노동의 역사라는 새로운 결을 새기는 과정이기도 했다. 그 이후 한편으로는 2000년 민주노동당, 2011년 통합진보당으로 상징되는 노동자의 정치세력화 물결, 다른 편으로는 민주노총 산하 금속노조, 전교조, 대학노조, 보건노조, 공공노조 등 산별 노조의 건설 물결이 민주노동운동을 주도해왔다.

그러나 이러한 변화들은 자본과 정권에 결코 반가운 일이 아니었다. 그래서 1996년 말에 노동법 및 안기부법 날치기를 했고, 마침내 1997년 말 '외환위기'를 빌미로 노동 배제적인 구조조정을 거세게 강행해왔다. 1998년부터 2002

년까지 김대중 정부, 2003년부터 2007년까지 노무현 정부조차, 한편에서는 참된 민주주의 구현에 대한 개념과 전략의 부재, 다른 편에서는 그를 실행하기 위한 전 사회적 힘을 결집하지 못해, 노동 및 민중 배제적인 정치경제 체제를 극복하지 못했다. 2008년 세계 금융위기조차 자본과 권력에는 노동 탄압과 기득권 수호를 위한 지렛대로 활용할 수 있는 절호의 기회였을 뿐이다.

바로 이런 맥락에서 자본과 정권이 민주노동운동을 탄압하는 방식이 어떻게 변화했는지 잠시 살펴볼 필요가 있다. 박정희 및 전두환 정권에서는 공안 및 정보기관을 통해 극소수의 주동자만 가두거나 죽이는 방법을 썼다면, 1987년 대투쟁 이후 노태우나 김영삼 정부에서는 주모자급만이 아니라 일반 활동가들도 대거 탄압함과 동시에 선진화, 세계화 등 논리를 빙자하여 노동운동을 이데올로기적으로 무력화하려 들었다. 한편 비교적 민주화 정권인 김대중, 노무현 정부조차 IMF식 신자유주의 구조조정에 정면 승부를 걸지 않고 오히려 노동운동가들을 업무방해죄 및 손배가압류 등 법적 장치를 통해 경제적 억압을 하는 방식으로 다스리는 경향이 강했다. 이 시기에 정리해고제, 비정규직 법안, 노조 전임자 임금 금지, 그리고 복수노조 법안 등이 차곡차곡 실행된 것은 역사의 아이러니다.

이후 이명박 정부와 박근혜 정부는 복수노조제를 악용, '기존 단체협약 파기, 민주노조 파업 유도, 직장 폐쇄, 불법 처벌, 용역 깡패 투입, 어용노조 설립, 민주노조 말살'이라는 시나리오를 통해 쌍용차, 유성, 발레오전조, 상신브레이크, SJM, 만도 등에서 민주노동운동을 억압했다. '창조컨설팅'의 도움으로 유성기업이나 SJM 등에서 노조 파괴 공작이 폭로된 것은 가장 대표적이다.

그런데 2015년 갑을오토텍은 그보다 한 걸음 더 교묘하게 나갔다. '창조경제'와 '창조컨설팅'이 맞물리면서 박 정권의 파쇼적 특성이 드러나버렸기 때문이다. 이제 회사는 아예 조직적으로 경찰이나 특전사 출신, 용역 깡패들을 정식 직원으로 채용한 뒤, 이들 중심으로 기업노조를 만들고 이들이 기존 민주노조를 와해시키게 했다. 요컨대 이윤 추구 본능 앞에서 사회적 책임을 가볍게 방기한 자본과 권력의 본질이 유감없이 드러난 셈이다. 즉 이제 자본은 기존 시나리오 대신 복수노조 제도를 악용, '노조파괴 의지와 능력을 갖춘 신규 직원 채용, 기업노조 설립, 노노 갈등 조장, 폭력적 민주노조 파괴, 산업평화 수립'이라는 새로운 시나리오를 가동하고 있다. 요컨대 자본과 정권의 기득권 추구를 위한 노동 통제 전략이 굴하지 않는 노동 저항 앞에서 혁신적 진화가 아니라 '퇴행적 진화'를 하고 있다.

이제 우리는 다시 한번 물어야 한다. 우리가 경제 발전 또는 성장을 원하는 이유는 무엇인가? 어떻게 발전하는 것이 바람직한가? 발전과 성장의 바탕인 인간 노동을 이렇게 짓밟고 만들어진 부가 과연 떳떳한가? 이런 식으로 온 사회가 더 행복해질 수 있는가?

이런 기본적 질문을 망각하고 오로지 노동, 오로지 이윤만 추구한 결과는 과연 어떤 모습일까? 멀리 갈 것도 없이 지금 우리가 경험하는 현실이 바로 그 결과 중 일부다. 대통령과 국회는 있되 민초를 위한 정치는 없고, 세월호 같은 참사나 메르스 같은 질병 사태는 터지되, 조직적 무책임만 확인된다. 좌절과 절망이 커지는 까닭이다. 2016~2017년 촛불혁명으로 문재인 민주 정부가 들어선 뒤로도 노동 진영에 대한 자본의 공세는 그치지 않는다. 소득주도 성장이나 노동시간 단축, 최저임금 인상 등이 명실상부 잘된다 해도 민주주의가 고양될지는 불확실한데, 보수 우익의 공세 앞에 그나마 일부 개혁 시도들이 퇴보의 길을 걷는다.

평소에 작은 문제부터 예리하게 짚어내고 상호 개방적 대화와 토론을 통해 더 나은 방식을 찾아가는 민주적이고 개방적인 과정, 건강한 삶의 과정이 그래서 절실하다. 그런 내실 있는 성숙이 아니라 오로지 외형적 성장에만 치중하는 겉치레식 성공 철학은 오늘날 우리가 경험하는 자괴감과 스트레스, 우울함과 무기력, 좌절감과 공허감을 부른다.

지금부터라도 자본과 권력, 기업과 정부는 '국민 행복'을 조금이라도 생각한다면, 그간의 노동 배제적인 전략과 전술을 모두 철회하고 명실상부 노동 존중의 문화를 만들어야 한다. 그간 야당이나 국회, 심지어 민주 정부들조차 자본의 이윤 추구 자체를 막기는커녕 돕고 있음이 명확히 드러났다. 기득권층이 민주주의 고양의 의지가 없다면, (아래로부터) 민중적 압력을 만들어가야 한다. 물론 현장 노동자들이 정규직과 비정규직을 가리지 않고, 남성과 여성, 생산직과 관리직을 가리지 않고 단결된 투쟁을 해야 하지만, 특히 언론, 교육, 종교 분야의 지식인들이 더 올바른 관점으로 확실히 깨어나야 한다. 한편 생산자들의 파업 투쟁도 중요하지만, 일반 시민들의 불매 운동 등 소비자 투쟁도 거세게 일어야 한다. 이것이야말로 사회적 무책임으로 뭉친 악덕 기업을 퇴출하는 길이다. 즉 이것이 시민운동과 (노동 억압과 소외, 차별에 저항하는) 노동운동이 활기차게 연대할 수 있는 길이다. 그래야 조금이라도 더 나은 경제, 더 좋은 사회가 가능해지고 따라서 좀 더 인간다운 삶을 살 수 있다. '세상에 공짜는 없다!'는 말은 여기서도 진실이다. 그냥 기다리거나 남이 해주기만 바란다면 점점 더 구렁텅이로 빠진다.

그래서 지금까지 두려움에 젖어 침묵하거나 방관해온 대

다수 시민이나 노동하는 대중도 우리가 직접 경험하는 불편한 현실에 대해 '더 이상 아니오!'라고 말하기 시작해야 한다. 노조 금지나 파괴를 전제로 한 기업 활동은 지구에 발을 붙이지 못하게 해야 한다. 그것이 바람직한 세계화다. 인간답게 살고 싶은 바람은 우리 모두의 소망이다. 그런 마음을 가진 이들이 서로 손잡고 한 걸음씩 전진하는 것, 즉 '깨어 있는 민초들의 생동하는 연대'야말로 곧 인권과 평화, 삶의 질과 민주주의의 토대다.

“민주주의는 공장 문 앞에서 멈춘다”

산업혁명 이래 ‘민주주의는 공장 문 앞에서 멈춘다’는 말이 통용된다. 정치적으로 아무리 민주화되더라도 공장 또는 회사 안에만 들어가면 민주주의가 설 자리가 없다는 뜻이다. 그래서 공장 또는 회사 안에서도 민주주의를 구현해야 한다는 목소리가 나오기 시작했고, 그것이 이른바 ‘산업 민주주의’ 또는 ‘경제 민주주의’라는 용어로 집약되었다.

우리나라도 1948년 제헌헌법 18조에서 노동자의 단결권, 단체교섭권, 단체행동권, 즉 노동 3권은 물론 노동자의 이익 균점권까지 규정하였다. 그리고 1987년 6월 항쟁 및 7~9월의 노동자 대투쟁 이후 9차 개정 헌법은 119조 2항에서 “국가는 균형 있는 국민경제의 성장 및 안정과 적정한 소득의 분배를 유지하고, 시장의 지배와 경제력의 남용을 방지하며, 경제주체 간의 조화를 통한 경제의 민주화를 위하여 경제에 관한 규제와 조정을 할 수 있다"고 명시했다.

국가가 균형 성장과 적정 분배, 남용 방지 및 민주 경제를 위해 경제에 적극적으로 개입할 수 있다는 것은 거시적 차원에서 경제 민주주의를 구현할 여건을 마련한 듯 보인다. 사실 '민주화' 정부인 김대중, 노무현 정부 때도 민주주의와 시장경제는 공존이 가능하다고 강조하기도 했다.

그러나 불행하게도 지난 수십 년의 경험에 비추어 볼 때, 아주 특별한 일이 일어나지 않는 한, 거시적 차원이나 미시적 차원 모두에서 민주주의와 시장경제는 공존이 불가능한 것으로 보인다. 일례로 한때 여당 대표였던 김무성 의원은 "노동조합이 없었다면 진작 국민소득 3만 달러를 달성했을 것"이라든지 열악한 아르바이트생의 처우를 호소하는 청년에게 "인생의 좋은 경험이라 생각하고 열심히 하라. 방법이 없다"고 했다. 심지어 민주주의의 기본 중 기본인 집회의 자유에 대해서도 "촛불집회 같은 건 대통령이 공권력으로 확 제압했어야" 했다고 하질 않나, 시민들의 복면 시위(당국이 시위자 얼굴을 찍어 탄압하려 하자 시민들이 얼굴을 가리고 시위를 하겠다고 나선 것)에 대해서도 "세계가 복면 뒤에 숨은 IS 척결에 나선 것처럼 우리도 복면 뒤 숨은 시위대

척결에 나서야" 한다고도 했다. 당시 (박근혜) 대통령도 정기국회 폐회를 앞두고, (삼권 분립을 무시하듯) 정의화 국회의장에게 전화를 걸어 노동 개혁법과 경제 활성화 법안 등을 꼭 처리해달라고 요청했다. 얼핏 보면 시장경제를 위한 일로 보이지만, 이 모두는 민주주의를 심각히 침해했다.

더욱이 2015년 가을, 마산의 전통적 향토기업인 '몽고식품'에서 일어난 일은 아주 사소한 듯하지만, 실은 시장경제가 민주주의의 파괴 위에 가능함을 상징적으로 보여준다. 80에 가까운 김모 명예회장이 자신의 운전기사 Y씨를 상습 폭언, 폭행해온 것이다. 언론 보도에 따르면, Y씨는 "2015년 10월 22일 김 명예회장 부인의 부탁으로 회사 본사에 심부름하러 갔는데, 명예회장이 전화를 해 '왜 거기에 있느냐'며 불호령을 쳐 서둘러 자택에 돌아갔다"며 "그런데 집 정문에 도착해 인사를 하는데 갑자기 발로 낭심을 걷어차는 바람에 그 자리에서 쓰러졌다"고 말했다. Y씨는 2015년 9월 17일부터 출근해, 12월 15일에 권고사직을 당하기까지 수시로 쌍욕이 담긴 폭언과 폭행을 당했다고 한다. 이 일만 보더라도 시장경제를 이끄는 엘리트인 기업가나 정치가들이 보이는 이러한 행태는 민주주의가 아니라 자본 독재라고 불러야 마땅하다.

물론 기업에 따라서는 민주주의와 시장경제의 병행과 공

존이 얼마든지 가능하다는 사실을 증명하기도 한다. 일례로 우진교통이나 키친아트, 한겨레신문사, 제니퍼소프트 같은 회사들에서는 직원들이 사장을 직접 선출하거나 회사 내 근무 환경이 자유롭고 평등하며 경쟁보다 협동을 중시한다. 이런 회사들은 가히 '선진' 경영 모델을 실천한다고 할 수 있다. 하지만 300만 개가 넘는 한국의 사업체 가운데 과연 몇 %나 이런 민주 경영을 실천할까?

특히 박근혜 정부 당시 노사정 합의 이후 '5대 노동법 개정'을 통해 자본의 이윤 증대를 꾀하려다 촛불혁명 앞에 좌절되었다. 당시 대통령과 여당이 한사코 관철하려 했던 노동법 내용에는 기간제 비정규 노동 기간을 2년에서 4년으로 늘리고, 파견 사업 범위를 확대하며, 2023년까지 주 60시간 노동 허용, 고용보험 수급요건 강화, 저성과자에 대한 일반해고제 도입 등이 들어 있었다. 이 모두는 대체로, 시장경제의 활성화와 기업 경쟁력 제고를 위한 것이지 민주주의를 강화하는 내용이 아니었다. 시장경제는 민주주의를 희생시켜야 가능함을 방증하는 일이었다.

바로 그 노동법 개악 시도 앞에 국민적 저항은 예견되어 있었다. 2015년 11월 14일, 12월 5일, 12월 19일엔 민중총궐기 대회가 열렸고, 노동법 개악에 반대하던 한상균 민주노총 위원장이 (과거 군사 독재 시절을 연상케 하는) '소요죄' 혐의로 12월 13일에 구속되었다. 그는 촛불혁명 이후 2018년 5월에야 석방되었다.

요컨대 거대한 민중의 압력 없이는 시장경제와 민주주의는 공존이 어렵다. 노동자를 비롯한 일반 시민의 여론이 중요한 것도 바로 이런 배경 때문이다. 1945년 해방 이후, 아니, 그 이전부터 우리의 모든 역사를 둘러보더라도, 민초의 살림살이를 편하게 하지 못하는 정치는 '말짱 도루묵' 아니던가? 경제經濟란 말도 결국은, 세상을 잘 다스려서經世 민초의 살림살이를 돕는다濟民는 말에서 나왔다. 영어의 이코노미economy 역시 오이코스oikos(가정)와 노모스nomos(관리), 즉 살림살이에서 나왔다. 즉 경제란 원래 돈벌이가 아니라 살림살이를 가리킨다. 결국 오늘날 시점에서, 농민이나 노동자가 빠진 민주주의는 온통 거짓말에 불과하며, 이러한 민주주의가 없는 시장경제는 자본가나 권력자만을 위한 것임을 알 수 있다.

성과급과 노동:
사람은 기계가 아니다!

"성과 연봉제를 해야 조직 효율성도 올라가고 일 잘 하는 사람이 더 나은 대우를 받아요."

"성과 연봉제는 사람들끼리 경쟁하게 함으로써 인간관계가 황폐화하고 조직 효율도 저해됩니다!"

약 10년 전의 논쟁이 2015~2016년경 다시 불붙었고 마침내 공공·민간 가리지 않고 노사 대립이 파업으로 이어지기도 했다. 특히 행정 기관이나 공기업 조직들에서는 노사간 대화나 협의 없이 거의 명령처럼 결정되고 강행되었다. 학교, 병원, 행정, 금융 등 분야를 가리지 않고 '위에서' 하라고 하면 무조건 해야 한다는 식이다. 사회 갈등이 커지면 국가와 자본은 늘 공권력이나 언론의 이념 공세를 통해 갈

등을 잠재웠다. 운동가들은 공권력에 쫓겨 다니고 상처 위에 상처가 덧나 마침내 살맛까지 잃는다. '헬조선'의 또 다른 면이다.

성과급, 무엇이 핵심인가? 그건 사람들이 일을 더 잘하게 하려는 것이다. 성과가 높은 자에게 더 많은 돈을 준다. 얼핏 대단히 합리적인 제도로 보인다. 그러나 과연 무엇이 '성과'인가? 또 어떻게 해야 사람들이 일을 더 잘해서 더 높은 성과를 낼까? 다차원의 변수가 있지만, 이미 10여 년 전에 나온 OECD의 『공공부문 성과급제 보고서』만 봐도 '이성적' 판단이 가능하다.

이에 따르면, 사람들이 일을 잘하도록 동기부여를 하는데는, 성과급 같은 외재적 동기부여extrinsic motivation보다 만족스러운 직무 내용이나 일을 통한 발전 전망 등이 더 우선이다. 내재적 동기부여intrinsic motivation가 더 중요하다는 뜻이다. 성과급은 잘해봐야 3순위 정도다. 그래서 성과급을 도입할 때는 신중해야 하며, 특히 조직 구성원 사이에 신뢰 형성이 중요하므로 충분한 소통이 필수다. 이렇게 OECD 차원의 결론이 나와 있는데도 그간 한국사회는 이로부터 하나도 배우지 못한 것처럼 행동한다. 마치 알코올 중독자가 어젯밤 일을 까마득히 잊고 오늘 또 주사酒邪를 부리는 것처럼.

위 보고서에는 12개국의 사례가 소개됐는데, 반갑게도(?) 그 안에 한국도 있다. 그 역시 "공공부문 성과급제 도입이 늘 긍정적 동기부여를 낳는 건 아니"라고 했으며, 특히 직원 사이에 경쟁 분위기를 조성하는 것은 '반생산적'이란 성찰까지 담고 있다. 놀라운 일이다. 그렇다면 이런 성찰을 바탕으로 지난 10년 이상 한국사회가 새로운 방식으로 조직과 사회를 혁신해야 했는데, 여전히 파업 유도 후 용역 깡패나 공권력 투입, 손해배상 가압류 등으로 노조를 깨부수는 '창조적' 노동 통제를 했던 건 웬일인가? 과연 한국사회는 과거의 경험에서 새로운 깨달음을 얻고 더 건강한 대안을 찾는, 참된 학습 능력이 부재한가?

더욱 차분히, 과연 우리가 공공부문에서 일을 잘한다는 것은 뭘 의미하나? 5,000만의 관심사, 교육 분야부터 보자. 교사들이 일을 잘한다는 것은 단지 평가 점수를 많이 따는 게 아니라, 아이들 꿈과 잠재력을 북돋우면서도 자존감과 협동심을 키우는 교육을 하는 것이다. 교감에게 잘 보이거나 큰 대회에서 상 받는 일에 치중하는 것은 좋은 지표가 아니다.

행정 기관은 어떤가? 고위층에 성과 연봉제가 실시되니 점수를 따려고 온갖 화려한 일거리만 만들 뿐, 정작 중요한 대국민 서비스는 외면했다. 상하 막론하고 행정 당국이 해야 할 일은, 부동산 투기를 확실히 잡고 물가를 안정시키며 농민이나 노동자, 청년, 여성들이 미래를 걱정하지 않고 생활할 수 있도록, '삶의 질' 관점에서 구조와 제도를 혁신하는 것이다. 윗사람에게 잘 보여 한자리하는 게 유능함이 아니라는 뜻이다.

병원은 어떤가? 공공·민간 관계없이 병원이 일을 잘한다는 것은 환자를 가족처럼 정성스레 치료하는 것이다. 환자를 비싼 기계 안에 집어넣고 검사를 얼마나 많이 했으며 약을 얼마나 많이 팔았는지, 시간당 환자 몇 명을 받았는지에 따라, 즉 돈벌이를 얼마나 했는지 보고 성과를 판단해선 안 된다. 더욱이 백남기 어른의 경우처럼 공권력에 의한 죽음을 '병사病死'라고 기만한 의사는 유능함이 아니라 전문가의 죽음을 알리는 종소리였다.

그러나 성과주의 인사제도가 갖는 가장 큰 문제는 조직 구성원 내부의 분열과 사기 저하다. 성과주의를 하면 겉보기에 '모두' 열심히 할 것 같지만, 하는 '척'만 할 뿐이다. 서울 동부병원처럼 성과급을 도입했다가 몇 년 시행 끝에 철회한 곳도 많다. 심지어 GM이나 GE, MS 같은 기업들조차 성과급을 포기했다.

사람을 돈으로 부추기는 것은 100년 전 F. W. 테일러의 철학이다. 사람을 돈벌이 기계로 보는 관점이다. 21세기는 인간과 생명을 존중하는 가치 경영, 감동 경영을 해야 한다. 1%가 99%를 먹여 살리는 것이 아니라, 99%의 협업이 있기 때문에 1%의 탁월함도 나온다. 민중이 노예가 아니라 주인으로 사는 민주주의, 그것은 '발상의 전환'에 답이 있다.

직장 내 왕따,
법률보다 직장 문화

직장 내 왕따란, 조직 내 인간관계가 왜곡된 결과로, 특정 직장 구성원(들)이 불쾌하거나 수치스럽다고 느끼는 데도 지속해서 괴롭힘이 일어나는 현상이다. 그것은 언어적, 시각적, 신체적, 업무적 등 다양한 모습을 띤다. 여기서 중요한 것은, 가해자의 의도나 의지보다 피해자의 경험과 느낌이다. 더욱 구체적으로, 특정인(들)의 업무 성과를 폄훼하거나 악의적 소문을 퍼뜨리기, 지나치게 과도한 업무 성과 요구하기, 고통스러운 괴롭힘이나 놀리기, 또는 싫어하는데도 장난치기, 그리고 노동조합 탈퇴 압박 등 당사자의 의지에 반하게 행동하도록 몰아가거나 자진해서 빠지도록 압박하는 등의 형태로 나타난다.

인기 드라마 〈미생〉에서도 인턴사원이었던 '장그래'가 다른 동료나 상사에게 은근히 왕따를 당하는 장면이 나온다. 또 '영미'의 경우, 다른 부서가 자기 부서에 책임을 전가하던 문제의 문건이 캐비닛 속에 숨겨져 있던 것을 사실대로 밝히는 바람에 부서 전체가 조직적으로 왕따를 당하는 장면이 나오기도 했다. 이런 일들이 우리 현실 속에 부단히 일어나는 직장 내 왕따의 단면이다.

우리나라에서는 합리적 이유가 없는 차별 문제(근로기준법)나 직장 내 성희롱 문제(양성평등법)에 대해서는 법률적으로 제재한다는 규정이 있으나, 그 외의 직장 내 괴롭힘(왕따) 문제에 대해서는 규제나 제재 관련 법률이 없다. 미국이나 유럽의 노동법에서는 '직장 내 희롱' 문제를 우리보다 폭넓게 다루는 편이지만, 그렇다고 아주 엄밀하게 규제하는 것도 아니다. 직장 내 왕따 자체가 너무나 은밀하게 진행될 수 있어 딱히 물증을 남기기 어렵기 때문이다.

원래 자본주의 사회경제 시스템 자체가 높은 이윤을 추구하면서 모든 조직이나 구성원이 서로 경쟁력을 높이도록 압박을 가하기 때문에 이런 현상이 쉽사리 생길 수밖에 없는 거시적 조건을 형성한다. 한편 조직 구성원 중에는 개인적 성격이나 행동이 유달리 공격적이거나 유달리 소극적이어서 개별적 차원에서 왕따의 가해자와 피해자를 구성하기도 한다. 그러나 가장 현실적으로는 조직 문화 자체가 얼마나 개방적이고 수평적인 방향으로 형성되는지에 따라 직장 내 왕따를 예방하기도, 촉진하기도 한다. 이렇듯 직장 내 왕따란 개인적, 조직적, 사회적 차원의 뿌리를 가진다.

사실 이 문제는 비단 한국만이 아니라 전 세계적 차원의 문제다. 최근 '커리어빌더'가 미국 내 민간 부문 정규직 3,372명을 조사한 결과 응답자의 28%가 직장 내 괴롭힘을 경험해보았고, 19%가 괴롭힘 때문에 이직한 경험이 있다고 답했다. 영국의 한 조사에서도 약 20%가 왕따를 경험했다고 보고하기도 했다. 그런데 이것은 왕따를 직접 경험한 피해자의 수치일 뿐, 그 주변의 목격자 또한 간접적인 피해를 본다고 할 수 있기 때문에 이 부분까지 포함하면 그 비중은 더 늘어난다. 일례로 2007년 'WBI-Zogby'의 조사 결과에 따르면, 미국 직장인의 13%가 왕따를 경험 중이고 24%가 과거에 당한 경험이 있으며, 12%가 목격자로서 간접 경험을 했다고 했다. 요컨대 약 절반인 49%가 직장 내 왕따 피해 경험이 있다고 했다. 2008년엔 피셔-브란도Fisher-Blando 박사도 관련 연구에서 조사 대상자의 75%가 과거에 직접 피해자나 간접 피해자(목격자) 경험을 한 적이 있다고 했다.

한국에서도 KBS 방송의 시사 기획 〈창〉 팀이 주관하여 직장인 4,500여 명을 조사한 결과, 직접 피해자만 17% 정도로 보고되었다. 물론 세분화하여 분석하면, 직급별로 인턴의 피해율이 19.6%로 가장 높았고, 평사원(17.7)–과장(15.1)–대리 주임(14.7)–차장(12.4)–부장(7.6) 순으로 나타났다. 또 민간기업(18.9)이 공공기관(14.1)보다, 비정규직이(22.2) 정규직(12.4)보다 높게 나타났다. 연령별로는 30대의 피해 비율이 24.9%로 가장 높았고, 40대가 24.1%로 뒤를 이었다. 그런데 흥미롭게도, 피해자 중 항의한 사람은 37.9%에 불과했다.

여기서 우리가 알 수 있는 것은, 첫째, 직장 내 왕따 문제의 핵심은 성별이나 성격의 문제가 아니라 권력의 문제라는 것, 둘째, 문제를 묵인하거나 회피하는 것이 아니라 직시하고 항의하거나 새로운 변화의 노력을 하는 것이 건강한 해법이란 점이다. 즉 자본주의 기업 사회에서는 이런 문제가 불가피하게 일어날 수밖에 없다고 감수하거나, 아니면 항의해보아야 피해만 볼 뿐 변하는 것이 없다고 체념하고 포기하는 순간, 사태는 악화한다.

그러나 직장 내 왕따 등 문제가 존속하는 상황에서는 개인이나 조직, 나아가 사회 전체적으로 악영향이 크다. 일종의 조직적 질병이기 때문이다. 그래서 개인이나 조직, 사회가 피해를 본다.

그렇다면 이 문제에 어떻게 대처할 것인가? 첫째, 이런 문제가 어느 조직이건 있을 수 있음을 인정하고, 둘째, 문제 상황이 인지되면 이것을 터놓고 이야기할 수 있는 개방적 분위기나 그것이 가능한 제도적 장치를 만들어야 한다. 셋째, 그런 식으로도 문제 해결이 어려운 경우, 노동조합이나 직원들의 자발적 모임 등에서 조직적 해결의 의지를 모아야 한다. 특히 한국사회에서는 노동조합 자체를 경시하고 탄압하는 경향이 있는데, 이것 자체가 이미 직장 내 왕따의 중요 부분을 차지한다. 이런 면에서 넷째, 나라 정책이나 법률 차원에서 정당한 노동자의 개인적, 집단적 권리를 침해하는 모든 행위를 엄격하게 처벌하고 예방하는 풍토를 만들어야 한다. 끝으로 이런 문제에 대한 인식과 해법에 관한 토론과 학습을 학교, 직장, 사회 등 모든 수준에서 정기적, 지속적, 체계적으로 해나가야 한다. 여기서 중요한 것은, 우리의 토론이 보다 근본적인 문제(가령 왕따를 낳는 자본주의 인간관계의 뿌리, 경쟁과 지배, 속물주의 내지 물신주의 풍토, 각자도생 및 출세지상주의 등)를 본격적으로 다뤄야 한다는 점이다. 정부나 국회의 역할도 중요하지만 언론이나 학계, 노조, 시민운동 등의 역할이 더 중요하다.

적폐 청산,
촛불혁명의 완성

"다 거짓말인 거 아시죠?" '박근혜-최순실-우병우--문고리 3인방'의 무소불위 권력이 마치 늦가을 은행잎처럼 급속히 떨어지는 사태가 믿기 어려웠다. '학생의 날(학생독립운동 기념일)'이었던 2016년 11월 3일, 새누리당 중앙운영위원회가 '최순실 국정개입' 사건을 일부 언론과 야당이 만들어낸 거대한 음모, 즉 '거짓말'이라고 했다. "언론의 추측성 보도와 야당 등으로부터 마치 박근혜 정부와 새누리당이 이 나라를 망친 대역 죄인처럼 매도당하고 있다. 일부 언론과 야당의 거대한 음모가 국민을 선동"한다는 것이다. 새누리당의 울안에서 전개된 최순실-박근혜의 '국가 사유화'와 그 배후인 재벌과 언론의 '부패 네트워크'가 사태의 몸통인데,

그들은 언론과 야당 탓이라며 내쳤다. 거짓을 거짓으로 변명하며 눈앞의 현실을 부인했다.

게다가 그 리더라는 이들은 이렇게 말했다. "마음에 들지 않으면 정권도 퇴진시키겠다는 일부 언론사와 야당에 순순히 무릎 꿇을 수 없다. 빨갱이 나라가 되는 걸 막기 위해 일치단결하자." 그들은 또한 조작의 달인이기도 하다. 지금까지 약 70년 동안 보수 기득권 세력들은 '빨갱이'라는 칼로 모든 것을 정당화할 수 있었다. '종북'이란 칼도 짭짤했다. 자기들의 비정상성을 감추면서도 보통사람들의 정당한 요구를 효과적으로 배척하는 수단이 곧 빨갱이나 종북 딱지였다.

그러한 부정과 조작으로 사태의 주도권을 다시 거머쥐긴 어렵다. 그래서 그들은 다른 카드를 빼 들었다. 노무현 정부 시절 고위층으로 일했던 김병준 교수를 국무총리로 지명하고, 김대중 정부 시절 노사정위원장과 비서실장까지 지낸 한광옥 국민대통합위원장을 비서실장으로 임명했다. 이어 대통령 담화문을 발표하고 두 번째 대국민 사과와 함께 검찰 수사까지 받겠다고 했다. 혼란과 위기에 빠진 정국에 대한 '통제' 회복을 시도한 것이다. 하지만 그 직후 여론 조사에서는 대통령 지지율이 역대 최저인 5%로 추락했다. 언론이나 여론도 더는 통제될 수 없었다.

이 정도면 부끄러워서라도 물러나야 했다. 그러나 권력에 중독되면 누구도 부끄러움을 모른다. 이미 우리는 다 안다. 권력을 위해서라면 여당에 붙었다가 야당에 붙기도 하고 또다시 여당으로 옮기기도 한다. 혹시 뇌물 받은 게 드러나고, 또 부동산 투기 혐의가 드러나도 시치미를 뗀다. 최순실이 "죽을죄를 지었다"고 하면서도 '모르쇠'로 일관한 것도 후안무치다. 마찬가지로 박 대통령 스스로 "이 모든 사태는 모두 저의 잘못"이라 하면서도 "국정은 한시라도 중단되어서는 안 된다"며 청와대 사수를 고집했다.

그러나 분명 사람인 이상 얼굴 뜨겁고 힘든 일이다. 그래서 도피한다. 도피 방법으로는 유체 이탈 화법이나 외국 순방이 쉬운 길이다. 일국의 대통령이 공적 시스템 위에서 국리민복을 위해 일정한 책무를 수행해야 함에도, 국민으로부터 나온 권력을 독점하고 사유화했으며 오남용했다. 그러면서도 비판이나 반대의 목소리에 대해 "혼이 비정상"이니 "유언비어 유포"니 하며 책임을 타자에게, 특히 민주 시민들에게 전가했다. 국정 운영의 리더십에 문제가 생기면 언제나 꼬리 자르기로 일관하며 '남 탓'만 했다. 중차대한 사태들이 터져도 '한류'를 내세운 해외 순방을 자주 떠나곤 했다. 역대 최고였다. 그러나 중동의 이란 방문으로 이뤘다는 42조의 뻥튀기 성과도, '검단 스마트시티'의 무산에서 보듯이 모두 외화내빈이었다. 나아가 이 모든 일은, 결국 나라 경영 실패의 책임과 고통을 회피하는 탈출구였다.

명백해진 것은 '부인-조작-통제-망각-도피'가 체질화된 '중독 시스템' 안에서 보통 계급과 특권 계급 사이에 '계급투쟁'이 벌어지고 있다는 사실이다. 특권 계급은 돈과 권력, 정보를 이용해서 더 많은 돈을 착취하고 수탈했다. 보통 계급은 도대체 왜, 어떻게 해서 삶이 팍팍해지는지 잘 모른 채 능욕을 당했다. 노동운동, 농민운동, 빈민운동은 처절히 짓밟혔다. 이 서글픈 진실이 드러난 것만 해도 고맙다. 그간 터무니없는 일들이 반복되면서도 까닭을 몰랐을 때는 스트레스와 우울감이 누적되었다. 이제 진실이 드러나 '이게 나라냐?'라며 모두 촛불을 들고 광장으로 나서니 차라리 속이 풀린다.

연인원 1,600만 명으로 추산된 촛불시민들은 마침내 2016년 12월, 국회의 대통령 탄핵 소추 의결, 그리고 2017년 3월, 헌재의 대통령 탄핵 결정까지 끌어냈다. 그리고 2017년 5월, 대통령 선거에서 문재인 촛불정부가 새로 출범했다. 결국 민주주의를 위한 시민 혁명이 난국을 돌파하는 최선의 길임이 판명되었다.

그러나 정치경제, 사회문화, 교육 종교 등 분야마다 청산해야 할 적폐는 곳곳에 누적되어 있고, 보수 우익 세력은 물론 관료들의 저항은 생각보다 거세고 끈질기며, 촛불 시민들의 기대와 요구는 예사롭지 않다. 그만큼 촛불정부의 시대적 사명은 엄중하다. 남북한 사이의 평화 교류 증진과 함께 곳곳에 쌓인 적폐들을 깨끗이 걷어내야 한다. 그러나 더욱 중요한 것은 촛불시민들과 민주 정부가 호흡을 맞춰가며 민주주의 혁명을 완수하는 것이다. 그것은 상품, 화폐, 자본의 가치 범주 안에서 작동해온 사회경제 시스템 전반을 인간 및 생명 가치 차원으로 혁파하는 것이다. 따라서 여전히 갈 길은 멀지만, 그럼에도 민주주의여, 만세!

촛불혁명과
참된 민주주의

미국 워싱턴 D.C.에 있는 '전국민주주의연구소'는 "민주주의는 하나의 사건이 아니라 일련의 과정"이란 구호를 내걸었다. 일례로 무려 30년 동안 수하르토 독재를 겪은 인도네시아가 1998년 이래 민주화의 길을 걷는데, 이 연구소의 시각에 따르면 무려 17,000개 섬에서 40여 개의 다른 언어를 쓰는 2억 5,000만 명의 사람들이 민주주의를 일구는 일은 결코 불가능한 일은 아니지만, 대단히 장구한 과정일 수밖에 없다.

2017년의 우리 역시 마찬가지다. 2016년 10월 말경부터 촛불민중들은 손잡고 광장으로 몰려나와 "나라를 바꾸자!"고 외쳤다. 촛불의 힘은 강했다. 국회의 탄핵 소추, 헌재의 "피고인 대통령 박근혜 파면" 결정 역시 촛불 덕이었다. 2017년 5월 10일, 문재인 대통령 당선이라는 사건은 1차 촛불혁명의 완결판이었다.

2차 촛불혁명은 지금부터다. 더 긴 여정이 우리를 기다린다. 정치경제, 사회문화 등 곳곳에서 지난 수십 년 동안 쌓인 온갖 폐단을 철저히 청소해야 한다. 그리고 그 자리에 멋진 '민초의 집'을 지어 올려, 모든 시민이 행복하게 살아갈 나라를 만들어야 한다.

따지고 보면, 1894년 동학농민혁명의 좌절 이후 이 땅에서는 민주주의를 실현하려는 움직임이 끊임없이 이어졌으나 거듭 미완으로 끝났다. 그 과정에서 많은 사람이 피와 땀과 눈물을 흘렸다. 그래서 어느 시인이 "민주주의는 피를 먹고 자란다"고 했던가. 그렇게 민주주의는 나선형을 그리며 지나칠 정도로 서서히 전진과 멈춤, 후퇴를 반복하며 나아간다. 시스템의 문제와 사람의 문제가 서로 모순적으로 뒤엉켜 있기 때문이다. 과정으로서 민주주의란 바로 이 장구한 여정을 한 걸음씩, 투명하고도 정의롭게 밟아 나가는 것이다.

일례로 한반도 전체의 운명을 가를 수 있는 고고도미사일방어체계(사드) 발사대 2기를 이미 대선 직전에 비밀 배치했을 뿐 아니라, 대선 뒤에도 무려 4기를 몰래 반입했다.

그러고도 국방부는 모른 체했다. 대통령이 '충격'을 받고 진상조사를 지시했다. '고의적 보고 누락'이었다. 아마도 박근혜 정부 당시 미국 측과 복잡한 밀약이 있었고, 관련자들은 '속앓이' 중이었을 것이다. 적폐는 끈질기고 청산은 힘겹다.

새 정부의 인사 문제 역시 '과정으로서 민주주의'가 얼마나 가시밭길인지 암시한다. 어느 누구 할 것 없이, '고위' 인사들은 자녀나 배우자의 특혜 의혹, 위장 전입, 탈세나 누세, 거짓말 해명, 부동산 투기, 부적절한 재산 증식 등 수많은 암초에 걸려 휘청거린다. 그나마 깨끗한 사람들이 모인 곳도 이러하니, 전통적 기득권 정당이야 말할 나위 있겠는가? 물론 같은 의혹에도 경중이 있고, 맥락에 따라 별문제 아닐 수도 있다.

그러나 '과정으로서 민주주의'는 개별 양심이나 비교 우위에만 호소해선 안 된다. 근본적으로 잘못된 제도나 정책이 있다면 심사숙고하여 고쳐야 한다. 일례로 30일 이상 주거지를 떠나 있으면 새로 신고해야 한다고 규정한 주민등록법은 수많은 대학생이나 해외 방문자들을 본의 아니게 '위장 전입자'로 만든다. 또 한가한 동네나 한밤중의 4거리 신호등은, 설령 아무도 없더라도 혼자 서 있게 하거나 많은 사람과 차들을 '신호 위반자'로 만든다.

'과정으로서 민주주의' 개념으로 우리 일상을 보면 더욱 더 갑갑하다. 층간 소음 문제로 이웃과 싸우거나 죽이는 일이 드물지 않으며, 투자라는 이름 아래 주식이나 부동산 투기, 난개발도 만연하다. 인격체로서 성장하기보다 명문대 진학이 인생 성공이라 여기는 부모나 교사들도 태반이다. (미국의 트럼프처럼) 범지구적 기후 위기가 닥쳐도 온실가스 감축 노력엔 모르쇠다. 게다가 여전히 농업이나 노동 문제에 대해선 한국사회 전반이 '문맹' 수준이다.

이는 결코 대통령을 새로 뽑았다고 4대강 봇물 틔우듯 하루아침에 해결될 문제가 아니다. 적폐 대통령을 청산하고 (비교적) 민주 대통령을 선출한 것은 큰 사건이지만, 그 바탕엔 긴 과정이 있었다. 앞으로 우리는 더 긴 과정이 필요하다. 국방부의 시치미 대응도, 이른바 '성공'한 자들의 꼼수 인생도, 일상 속의 반민주·반생명적 행위도, 모두 청산 대상이다. 상품과 화폐가, 경쟁과 노동이 우리 삶을 짓누르는 이 시스템 전반의 논리를 바꿔내야 한다. 결국 촛불혁명은 우리 삶의 전 과정에서 참된 민주주의를 뿌리내리는 것으로 이어져야 한다.

새로운 강사법,
자본에 투항한 대학

2018년 9월 초, 관련 당사자들이 모두 참여한 '대학 강사제도 개선협의회'가 합의안을 발표했다. 새 강사법(고등교육법 개정안) 탄생이 예고됐다. 교육부 장관도 새 강사법에 적극적이고, 국회 이찬열 의원 발의에 이어 교육위원회 예산소위에서도 강사법 개정에 필요한 예산 550억 원을 통과시켰다. 국회 본회의도 통과해 2019년부터 시행된다.

원래 대학 강사도 교원이었지만, 1977년 박정희 정부 당시 유신체제에 저항적이던 강사들을 배제하려고 강사의 교원 지위를 박탈해버린 흑역사가 있다. 학문 후속 세대인 강사들은 대학에서 교원이 아닌 보따리장수 취급을 받았고, 뭔가 밉보이면 언제든 해고되었다. 많은 강사와 박사가 좌절감에 자살했으나 부당한 관행들은 지속하였다.

나를 포함한 전임 교원들은 대부분, 자신이 강사일 때는 강사의 서러움을 느끼며 입술을 깨물었으나 잘못된 구조를 바꿀 엄두는 못 내었다. 운이 좋아 전임 교원이 되기만 하면, 수많은 강사의 암담한 현실엔 눈을 감았다. 한편 갈수록 대학들이 기업화하면서 교육의 원리가 아닌 이윤의 원리가 지배한다. 강사는 일회용 노동력으로 취급될 뿐이다. 바로 이런 불의를 바꾸려는 시도가 새 강사법이다. 그간 새 강사법을 위해 땀 흘린 분들에게 고개 숙여 감사할 일이다.

그러나 따지고 보면 새 강사법이라고 해서 아주 특별한 것도 아니다. 크게 두 가지인데, 신분상으로 강사의 교원 지위를 인정하는 것, 그리고 경제적으로 좀 더 나은 대우를 하는 것이다. 강사의 교원 지위가 인정되면 학생 지도나 상담 등 대학 내 인간관계 형성이 좋아지고, 보따리장수가 아닌 최장 3년간 (공동) 연구실 주인도 된다. 부당한 처우에 제도적으로 항의할 권리도 생긴다. 또 방학 때도 월급이 나오면 생활과 연구도 좀 나아질 것이다. 소액이지만 퇴직금도 생긴다. 이런 정도다. 그렇게 호들갑을 떨 일이 아닌, 상식 수준이다.

정말 한심한 것은 대학 당국들의 낡아빠진 대처법이다. “강사법이 시행되면 비용이 많이 늘어나니 가능하면 강사를 쓰지 말라." 이게 말인가 방귀인가? 부담으로 따지면 전임 교원을 위한 인건비가 막대하지 않은가? 차라리 명예퇴직제를 확대, 참신한 후속 세대에게 더 많은 기회를 주는 게 낫다.

"강사 대신에 (4대 보험이나 퇴직금을 안 줘도 되는) 겸임 교수를 활용하라." 진리 탐구와 대안 제시라는 대학 본연의 사명을 망각한 채, 비용 절감과 교육부 지원금 타내기, 즉 수익 창출에 열광하는 한, 이 대학·사회에 희망은 없다. 해마다 수십만 학생과 그 부모들이 입시에 올인하는 그 목적지가 이 지경이라면, 무엇을 위해 '열심히' 공부하는가? 총장과 처장, 학장, 교수의 자녀가 대학 강사라면 이런 방침을 어떻게 느낄까?

"졸업 이수 학점을 줄이고, 강사들이 하던 강의를 기존 전임 교원들이 더 많이 담당하라." 일반 기업에서 하던 노동시간 연장과 노동강도 강화를 이제 대학들도 실시하려 한다. 대학 등록금이 연간 1,000만 원에 이르는데, 이 돈을 내고 '큰 공부大學'를 하러 온 학생들은 수준 높은 강의를 더 많이 듣고 삶의 진리를 깨치려 해도 모자랄 판인데, 같은 돈을 내고도 강의는 덜 받고 좀 더 지친 교수들 강의에 만족하란 것이다. 이 정도면 인심 후한 보따리장수만도 못한 '장삿속'이다. 교권과 수업권을 동시에 침해하는 행위다.

원래 대학大學이란 세상의 참된 이치眞理를 탐구하여, 뒤틀린 것이 있다면 바로잡는 '사회적 의사' 역할을 띤 학문 공동체다. 그런 역할을 제대로 수행하려면, 의사인 대학 스스로 건강해야 한다. 의사가 질병에 허덕이는데 어떻게 환자를 돌볼 수 있는가?

건강한 대학이란, 모든 교직원과 학생들이 자유, 정의, 진리, 민주, 평등, 생명, 평화, 봉사 등 스스로 내세운 구호와 사명에 걸맞은 탐구를 하고 스스로 힘을 합쳐 실천할 때 비로소 탄생한다. 그러나 현실의 대학은 사회적 의사 역할을 포기하고 (피에르 부르디외가 말한) 상징적 자본 내지 문화적 자본의 역할을 한다. 대학은 ('SKY' 처럼) 평판이나 위신, 신용의 상징인 동시에, 졸업장이나 학위를 통해 문화 권력을 행사하는 도구가 되어버렸다. 이제 대학은 자본에 봉사하는 단계를 지나 그 자체가 자본이다. 이 '불편한 진실'을 인정한 위에서 우리가 무엇을 할지 열린 대화를 꾸준히 해나가야 비로소 새로운 길이 보인다.

경제위기가 와서 기업들이 구조조정할 때 비정규직을 먼저 자르고 마침내 정규직까지 잘라내는 것처럼, 대학들도 그렇게 한다. 게다가 이미 대학도 위기 상황이다. 인구가 감소하고 갈수록 대학의 의미도 퇴색한다. 취업하려면 차라리 전문학교가 낫다. 과연 이 위기에 대한 돌파구가 '비용-수익 분석'에 따라 비용 요인을 줄이는 것밖에 없을까? 이런 식의 대처법이야말로 위기 탈출이 아니라 오히려 위기를 심화한다는 것을 대학은 모르는가? 대학(인)이여, 크게 배우고 크게 깨어나라!

글로벌 자본주의와 봉건적 세습주의

"아빠, 혹시 ○○회사에 아는 사람 좀 없어요?" 취업 원서를 들고 혼자서 수십 군데 넣었다 실패를 거듭한 어느 취업 준비생이 낙담 끝에 내뱉은 말이다. 그는 'SKY' 출신이었고, 영어 토익도 거의 만점 수준이었다. 그렇게 졸업 후 몇 년을 고생하다 운 좋게 어느 공기업에 간신히 취업했다. 거의 '기적'이었다. 수백 대 1의 경쟁을 뚫고 간신히 취업한 뒤 얼마 지나지 않아 '도무지 적성에 안 맞는다'며 사표 쓰고 나오지 않는다면 다행이라 여겨진다. 이러니 '보통' 청년들은 더 암담하다.

그 무렵 2015년이었다. 과학고를 조기 졸업하고 모두가 최고라던 대학에 간 학생이 2015년 12월, 학교 온라인 방에 "나 자신과 세상에 대한 분노가 너무 큰 고통으로 다가온다. 생존을 결정하는 건 결국 수저 색깔이었다. …… 나를 힘들게 한 건 이 사회이고, 나를 부끄럽게 만든 건 나 자신"이라는 유서를 올리고 투신자살했다. 그는 늘 성적이나 모든 일에서 탁월한 성과를 내야 한다는 압박에 시달렸고 우울증까지 앓았다.

그 뒤로 수년이 흘렀지만 상황은 전혀 나아지지 않았다. 최근 뉴스들은 모두를 우울하게 한다. 2017년부터 불거진 강원랜드 특혜채용에 이어 은행권 채용 비리 역시 공공연한 비밀이었다. 전국 각지의 대학병원들이나 한국가스공사, 서울교통공사, 공공형 어린이집 등에서도 채용 비리 의혹이 불거졌다. 법적 시비야 별도로 가려야겠지만, 그와 무관하게 해마다 수십만 명의 졸업생들이 사회로 나오는 판국에 이런 뉴스들은 모두를 맥 빠지게 한다.

여기서 나는 약 45년여 전 초등학교 시절의 기억(상처)을 떠올린다. 당시 나는 선생님 수업에 집중하고 숙제만 다 했는데도 국어와 산수 시험을 꽤 잘 보았다. 그런데 당시 담임 선생님한테 과외 공부를 하던 친구들 이야기를 들으니, 자기들은 '어제' 벌써 그 시험을 미리 쳤다고 했다. 그 친구들은 선생님 댁에서 시험을 먼저 보고, 다음 날 두 번째로 학교 교실에서 동일한 시험을 또 본 것이다. 나는 내심 놀랐으나 우리 집 형편엔 가당찮은 일이었기에 '과외 받는 애들은 원래 그런가 보다' 하고 넘어갔다. 그리고 당시 일을 45년 이상 잊고 지냈다.

그런데 최근 숙명여고 쌍둥이 학생의 부정행위 논란이나 공공기관 채용 비리 논란이 그동안 잊었던 (혹은, 잊어버리고자 애썼던) 기억을 되살려냈다. 돈 들여 과외를 받거나 특별히 아는 사람이 있어야 더 나은 점수와 생존경쟁에 유리하다는 법칙이랄까? 45년 전이나 지금이나 "생존을 결정하는 건 결국 수저 색깔"이라던 위 청년의 유서가 예사롭지 않다. 사회경제적 불평등이 교육 불평등을 낳고 이것이 취업 불평등을 낳으며 다시 이것이 사회경제적 불평등을 낳는 악순환이 지속하고 있다.

아무리 글로벌 자본주의 시대라 하더라도, 아니, (무한 이윤을 추구하는) 자본주의이기 때문에, 이런 식으로 돈과 권력이 하나의 순환 고리로 움직인다. 현대의 자본제 아래서도 사회적 세습이 사실상 계속되니, 봉건적 세습제와 현대적 자본제가 공존한다고 할 수 있다. 이런 것을 '비동시성의 동시성'이라 하던가.

그런데 사태를 좀 넓게 보면, 사회 전체적으로 부와 권세의 균열이 심한 데다, 그 내부로 들어가면 빈자는 빈자대로 내부 균열까지 극심하다. 그리하여 온 사회가 경쟁과 분열로 사막화한다. 개인별 변화는 있되, '빈익빈 부익부' 구도는 변치 않는다. 재벌세습에 이어 학벌세습, 고용세습이 결코 새로운 일이 아니라 오랜 적폐로 굳어진 배경이다.

하지만 이런 적폐를 해소하는 길이 단지 노동시장의 투명성과 공정성을 높이는 것만으로 충분할까? 물론 채용의 절차적 공정성을 높이기 위해 블라인드 채용을 도입해 세습이나 차별을 어느 정도 줄일 수는 있다. 게다가 공공기관 채용 비리 근절추진단까지 출범한다니 예전보다는 나아질 것으로 기대된다. 그러나 대다수 청년은 채용 절차를 밟기도 전에 출발점부터 좌절이다. '있는' 집 애들은 이미 몇 발 앞서가 있다. 마치 대학생과 초등생의 달리기 시합과 같은 꼴이다.

게다가 생존이 아니라 생활 차원에서 노동시장이나 노동과정을 보면, 공기업이건 사기업이건 대기업이건 소기업이건, 앞서건 뒤처지건, 정규직이건 비정규직이건, 모두 '노예'처럼 굴종의 세월을 살아야 하는 것이 정직한 현실이다. 노동 과정이 뒤틀리니 생활 과정도 뒤틀린다. 살아남기 위해 자존감을 죽이고 비굴해질수록, 또 일중독과 충성심에 빠져 자아를 상실할수록, 자기만의 고유한 삶은 오간 데 없고, 기껏해야 인사고과 점수와 월급봉투만 남는다. 물론 평가를 받고 월급이라도 받는 걸 다행으로 여겨야 한다는 말도 있지만, 여전히 일과 삶의 무의미함과 무가치성을 느끼는 순간 이 모두가 고통이다. 참을 수 없는 존재의 공허함!

따라서 '적폐 청산'이란 과제야 아무리 강조해도 지나치지 않을 정도이지만, 무한 이윤을 위해 인간적 굴종을 강요하는 자본의 병든 관계를 청산하지 않는 한, 진정한 적폐 청산은 불가능하다. 이것은 '상대적 박탈감'이나 '경제적 불평등'을 넘어 더욱 근본적인 문제를 제기한다. 결국 인간적 필요와 충분함의 미학을 온 삶의 과정에 녹여내는 진정한 '시스템 전환'만이 민주주의와 삶의 질을 고양할 것이다. 그러나 인간적 필요와 충분함의 미학을 깨닫고 실천하기 위해서라도 우리는 우리 자신이 가진 내면의 상처와 두려움을 더는 숨기지 말고 직시하면서 밖으로 드러내야 한다. 혼자만 한다고 될 일은 아니고 마음이 통하는 이웃들과 함께해나가야 희망의 가능성이 더 커진다. 나 혼자 꿈꾸면 꿈으로 남지만, 여럿이 같이 꿈꾸면 현실이 된다는 말은 바로 이럴 때 쓰는 말이 아닌가 싶다.

잘 나가던 지점장의 죽음

"오늘이 회사가 지정한 해촉(계약 해지) 마지막 날이네요. …… 37세의 나이에 입사해 59세가 됐으니 청춘을 온전히 푸르덴셜과 함께한 삶이었네요. 긴 세월이지만 돌이켜 생각해보면 참으로 빠른 세월을 살아온 것 같아 열심히 살았다는 방증이므로 저 자신에게도 위로를 해줘야 할 것 같습니다."

2017년 9월 5일 회사 건물 21층에서 투신자살한 푸르덴셜 생명 ○○지점장 양모 씨가 불과 1주일 전에 회사 내부 게시판에 올렸던 글이다. 그는 1995년에 입사해 IMF 경제위기 시기를 이겨내며 성실히 일한 결과 2001년부터 지점장으로 일해왔다. 이른바 '잘 나가던' 회사원이었다. 그런데 회사가 2017년 8월 말로 계약 해지를 한 까닭은 무엇일까?

그 핵심은 실적 평가였다. 8월 초에 나온, 2017년 상반기 영업 실적에 대한 평가 결과가 낮았던 것이다. 6개월마다 한 번씩 이뤄지는 지점별 실적 평가에서 실적이 낮으면 지점장 계약 관계가 해지된다. 박근혜 정부 당시 노동법 개정 관련 내용 중에 '저성과자 해고'가 들어 있었는데, 문재인 정부가 들어선 뒤 사실상 노동법 개정이 어려워진 상황이기에 노동 현장에서는 비밀리에 '저성과자 해고' 조치가 강행되고 있다.

물론 그 실적 평가가 얼마나 공정하고 객관적인가 하는 문제는 늘 논란거리다. 하지만 많은 연구자가 우려하듯, 노조원이나 내부 고발자 등 '사장의 눈 밖에 난' 사람들은 능력과 성과가 훌륭함에도 낮은 평가를 받기 쉽다. 앞의 양씨 역시 바로 그런 경우였다.

양씨의 위 사내게시판 글은 이렇게 마무리된다. "제가 지난번 제기한 두 가지, 1. (부당 조치로 해촉시킨) 당사자의 진정한 사과와 퇴진, 2. ○○지점의 존속, 다 해결되지 않았기에 책임 규명은 계속할 것입니다."

이것만 보더라도 우리는 양씨가 회사로부터 부당한 인사 평가와 부당한 조치로 해고 위기에 내몰렸으며 심지어 회사는 그가 일하던 ○○지점마저 폐쇄하고자 했음을 알 수 있다. 그렇다면 과연 그가 부당한 평가를 받게 된 배경은 무엇인가?

언론 보도에 따르면, 그는 자신이 일하던 지점에서 노동법상 특수고용직으로 분류되는 보험설계사의 법적 지위를 보장해 회사가 쉬운 해고를 못 하게 해야 한다고 백방으로 알리고 다니던 중이었다. 보험회사의 지점장이긴 하지만, 그 의식은 노동조합 활동가 수준이었다. 22년 동안 근무했던 보험회사에서 지점장으로까지 승승장구한 '회사 인간'이었지만, 그는 결코 한 인격체로서 양심과 양식을 잃지 않았다.

그러나 돈벌이를 지상 최고의 목적으로 삼는 자본주의 기업은 인간적 양심과 책임성 있는 행동을 곱게 보지 않는다. 게다가 '입바른' 소리를 잘하던 양씨는 2016년에도 본사 고위 임원에게 '찍혀' 해촉당할 뻔했다. 그러던 차에 실적 평가의 두 기준인 생산성(영업 실적) 및 리크루팅(채용 실적) 중, (생산성은 회사 평균 수준을 웃돌았으나) 리크루팅 부분에서 합격 기준인 70점보다 1.7점 밑돌았다. 리크루팅, 즉 신입 보험설계사를 뽑는 것도 지점장의 실적 평가에서 중요한 요소인데, 양씨의 ○○지점에서 신입 보험설계사를 뽑아 본사에 최종 면접으로 올릴 때마다 모두 불합격했다. ○○지점의 리크루팅 점수가 최하위권이었던 배경이다.

이를 두고 양씨는, "16년 동안 지점장을 해왔는데 해당 본부장이 지점 평가를 무시하고, 3명의 후보자를 연달아 최종면접에서 탈락시킨 예를 본 적이 없어 더욱 황당하다"며 "3명 중 1명이라도 5월이나 6월 입사가 결정됐다면, 지점 평가는 아무 문제가 없었을 것"이라 했다.

그렇게 양씨는 실적 평가에서 낮은 평가를 받았고, 회사는 이를 근거로 양씨의 지점장 위촉을 더는 지속하기 어렵다며 해촉을 통보했다. 사실상 해고였다. 해고는 죽음이었다!

이에 양씨는 순종을 거부하고 회사가 부당한 조치로 실적 평가에서 낮은 점수를 주어 자신을 해촉했다며 사태의 시정을 요구해왔다. 회사에 내용증명을 보냈고, 회사 내부 게시판에도 두 번이나 글을 써서 이 문제를 조직 구성원 모두에게 알리려 노력했다. 동시에 사장에게 여러 차례 면담까지 요청했다. 그러나 한 번도 성사되지 않았다. 양씨를 잘 아는 사람에 따르면, 1년 전에도 당할 뻔했는데, 이번에는 의도적으로 '당한 것'이라 했다.

양씨는 한 걸음 더 나아가, 이런 일이 본인의 문제이기도 하지만, 과거에도 이런 문제가 반복적으로 자행돼왔고, 앞으로도 똑같은 문제를 겪게 될 후배들을 위해서라도 회사의 잘못을 제대로 짚고 넘어가자고 결심했다. 회사 임원들 마음대로 평가 기준이나 시기 등을 바꿔 직원을 해고하는 상황을 계속해서 두고 볼 수는 없다는 마음이었다. 실제로 그는 같은 날 해촉 당한 동료 A씨와 함께 '퇴직금 반환 소송'을 제기하기로 했다.

양씨는 ○○지점장이었음에도 실제로는 회사의 관리 직원에 불과하니, 부당한 해고도 문제지만, 만약 퇴직 시엔 당연히 퇴직금도 받아야 한다고 보았다. 자신은 회사와 형식상 '계약직'인 개인사업자로서 '계약 해지'를 당했지만, 실은 퇴직금을 받아야 한다고 보았다. 실질적으로는 지점장으로서 회사 내부의 관리직 역할을 해왔고, 고정급 성격의 수당까지 받았기 때문에, 본사 직원들과 동일한 '노동자' 지위를 지닌다고 본 것이다. 같은 맥락에서 일반 보험설계사들조차 마치 독립된 사업자인 것처럼 취급할 일이 아니라 사실상 보험회사 영업직원이기 때문에 ('특수고용'이라며 애매하게 말하지 말고) 확실히 '노동자' 지위를 부여해야 한다고 믿었다.

물론 보험사마다 다르지만, 대부분 보험사는 본사 직원을 지점장으로 보내 보험설계사들을 관리한다. 이 경우 지점장은 당연히 관리직 직원이며 노동법상 노동자(근로자) 지위를 갖는다. 그러나 푸르덴셜생명사의 경우 1990년대 후반부터 지점장들을 '개인사업자' 신분으로 바꿨다.

이런 맥락에서 양씨와 그 동료는 변호사와 함께 이러한

내용을 골자로 소송을 준비했다. 양씨가 투신자살한 2017년 9월 5일은 이들이 서로 만나 소송 자료를 최종 검토하기로 한 날이었다. 바로 그날 양씨는 마지막으로 사장을 만나러 본사 21층까지 올라갔으나 또다시 좌절감을 맛보았다. 사내게시판에 위 글을 올린 5일 뒤였다. 그러나 고위 임원만이 그를 형식적으로 응대했을 뿐, 사장과 면담은 또다시 거절당했다. 마지막 희망의 고리가 차단되자, 양씨는 그날 오후 1시 19분쯤 회사 건물에서 지인과 가족에게 이름과 연락처 등이 적힌 쪽지 한 장을 사진으로 찍어 보낸 뒤 투신자살하고 말았다. 극도의 억울함을 도무지 견딜 수 없었던 탓이다. 그의 자살은 결코 나약한 자아 때문이 아니라 회사의 부당한 처우에 대한 최후의 저항이었다. 양씨의 자살을 사회적(또는 기업적) 타살이라 부를 수밖에 없는 근거다.

이에 대한 회사의 초기 대응은 전형적인 부인denial 전략으로 일관했다. 양씨가 숨진 당일, 해당 총괄본부장은 ○○지점 지점장과 부지점장에 "동요하지 말고 각자의 일을 열심히 하라"는 내용의 문자를 보냈다. 다음 날에는 전략 발표 자료를 빨리 제출하라고 닦달했다.

한편 양씨의 외침은 각 지점장의 마음을 움직였다. 이전에 양씨가 회사의 부당함을 알리고자 사내게시판 등에 열심히 글을 쓸 때도 아무 반응이 없었다. 그러나 그의 죽음

이후 동료 지점장들은 회사의 실적 평가 문제 등을 공동으로 논의하기 위해 소통하기 시작했다.

한 보험설계사에 따르면, "언제부터 푸르덴셜에는 듣는 사람이 없으니 말하기도 어려워졌다"고 한다. 소통 부재가 조직 문화를 지배했던 셈이다. 특히 "내부 게시판에 글을 올리면 글을 내리라는 전화가 오고, 댓글을 달면 댓글을 지우라고 하는, 이상한 푸르덴셜이 우리의 현실"이었던 것이다. 그런데 오직 이 회사만 그럴까? 따지고 보면, 돈벌이(이윤)를 맹신하는 조직은 구성원을 오로지 돈벌이 기계 내지 그 부속품으로 만들어간다. 그 와중에 사람들은 나름의 소망과 느낌, 감정과 의견을 내적으로 억압한 채 오로지 생산성과 수익성의 지표만 바라보며 살아야 한다. 그러나 이렇게 사람의 생동하는 감정이 죽어갈 때 그는 말이 사람이지 제대로 살아 있는 존재가 아니다. 살아 있는 송장, 즉 좀비일 뿐이다.

마침내 전국의 지점장들이 산 송장(좀비)으로 머물러 있기를 거부하기 시작했다. 서로 소통하고 연대의 움직임을 보이자 마침내 회사도 움직이기 시작했다. 사태가 예사롭지 않음을 감지한 커티스 장 푸르덴셜생명 대표는 직원들에게 사과문을 통해 "회사 내부 감사를 통해 이번 사고가 발생하게 된 경위에 대한 진상조사를 객관적이고 진실되게 진행할 것"이라 밝혔다. 또 진상 조사와는 별도로, 해당 총괄본부장과 본부장이 도의적인 책임을 지고 스스로 모든 직책에서 물러나기로 해 대기발령 상태가 되었다.

과연 회사가 양씨의 죽음에 진심으로 사죄하며 양씨의 요구대로 모든 것을 정상으로 돌릴지, 아니면 그렇게 하는 척만 하고 말 것인지는, 지점장들의 집단대응 및 민주노조 진영이나 시민운동 진영, 그리고 언론 및 관계 당국의 사회적 대응에 따라 달라질 것이다. 그 결과가 어떠하건 우리는 바로 이 사건에서도 몇 가지 교훈을 얻는다.

첫째, 양씨의 경우처럼 아무리 성실히 일하고 높은 성과를 내더라도 일단 한두 번 상사에 '찍힌' 경우 '고의로' 해고당할 위험성은 상존한다. 따라서 사회적 차원에서는 내부 고발자 내지 양심적 비판자에 대한 법적 보호가 더욱 확실히 이뤄져야 하고, 기업의 차원에서는 내부 고발 내지 양심적 비판을 자연스러운 조직문화로 받아들이는 경영 민주화가 이뤄져야 한다. 그것을 위해서라도 기업 조직의 모든 구성원은 '자발적 복종'의 문화가 아니라 '건강한 비판'의 문화를 조직문화로 구축하는 일에 사명감을 가질 필요가 있다. 그것이 개인도, 기업도, 사회도 모두 건강성을 회복하는 길이다.

둘째, 양씨를 자살로 몰고 간 보험회사 사례처럼 기업들이 그 직원들로 하여금 형식적으로는 자살이지만 '사실상 타살'을 행한 혐의가 짙을 때는 영국에서 행하는 '기업살인법'을 도입하고 적용할 것을 적극적으로 검토해야 한다. 영국은 2007년 '기업 과실치사 및 살인법'을 제정해 2008년부터 기업 등이 '주의注意 의무'를 위반해 노동자가 숨지면, 이를 범죄로 규정하고 '상한이 없는' 벌금을 부과한다. 기존에는 안전보건 담당자나 경영진의 부주의와 범죄 의도를 밝혀야 책임을 물었지만, 기업살인법에서는 기업 등의 '부주의'가 밝혀지기만 해도 처벌이 가능하다. 결국 상당한 정도의 경제적 압박과 사회적 낙인을 통해 기업이 안전 의무를 강화하도록 강제한 것이다. 이 법이 시행된 2008년 이후 영국의 산재 사망률이 줄어들었다 한다. 해마다 수만 명이 산재 사고를 당하고 수천 명이 사망하는 우리나라에 매우 시사적이다.

셋째, 한국 회사건 외국 회사건 돈벌이를 최우선 가치로 삼는 한, 일하는 사람들의 헌법상 가치인 인간 존엄성이 부단히 침해받는다는 사실을 기억해야 한다. 따라서 일하는 사람들의 단결과 연대(노동3권)는 인간 존엄성을 수호하기 위한 권리이자 의무다. 헌법 33조의 단결권, 교섭권, 행동권 등 노동3권이란, 다른 각도에서 보면 부당한 현실을 '외면'하지 않을 권리와 의무이기도 하다. 외면하지 않을 용기가 절실한 까닭이다. '행복한 삶'을 살고자 하는 노동자와 일반 시민은 이 점을 한시라도 잊어선 안 된다. 그래야 우리는 비로소 참된 민주주의를 향해 한 걸음 더 전진할 수 있다.

●

정치경제, 사회문화, 교육 종교 등 분야마다

청산해야 할 적폐는 곳곳에 누적되어 있고,

보수 우익 세력은 물론 관료들의 저항은

생각보다 거세고 끈질기며,

촛불시민들의 기대와 요구는 예사롭지 않다.

그만큼 촛불정부의 시대적 사명은 엄중하다.

●

제3장

공공성의 가치

나만의 버킷 리스트, 고령화 사회의 해법

최근에 어느 은행에 갔더니 유난히 눈에 띄는 것이 하나 있었다. 제목은 '은퇴 이후 해야 할 버킷 리스트'였다. '버킷 리스트'란 원래 버킷(물통) 위에 올라간 사람이 높은 곳에 끈으로 목을 매단 상태에서 버킷을 차버리면 목숨을 잃게 되는 것에서 온 말로, 사람이 죽기 전에 꼭 해야 할 일의 목록을 뜻한다. 2008년에 미국에서 나온 롭 라이너 감독의 영화 〈버킷 리스트〉에는 자동차 정비사와 재벌 사업가가 우연히 병원에서 서로 환자로 만나, 각자 죽음만 기다릴 게 아니라 함께 버킷 리스트를 실행하고 죽자며 신나게 여행을 떠난다.

이자와 이윤으로 돈을 버는 은행에서 '버킷 리스트'를 손님들에게 제공하고 있어 더 흥미로웠다. 그 리스트는 모두 12가지였는데, 그 속에 이런 게 들어 있었다. 가족을 위한 특별 요리 배우기, 내 마음을 담은 시나 노랫말 써보기, 구체적 분야를 정하고 봉사하기, 피아노를 배워 대중 앞에서 발표하기, 서해에서 동해까지 해변만 걸어 전국 일주하기, 내가 아는 사람들에게 감사 편지 쓰기, 어린 시절 당시의 놀이를 손자나 손녀에게 가르쳐주기, 농번기에 농촌에 가서 일손 돕기…….

그동안 우리는 '먹고사느라' 진짜 해보고 싶은 일들을 제쳐 놓고 살았다. 심지어 가장 사랑하는 가족과도 정겹고 살가운 시간을 나누지도 못하며 건성으로 산다. 만나고 싶은 친구조차 '죽어서야' 만나기도 한다. 행복을 위해 살면서도 정작 행복은 뒤로 미룬다.

굳이 은행에서 '버킷 리스트'를 주지 않더라도, 요리 배우기, 마음을 담은 시, 피아노 배워 발표하기, 걸어서 일주하기, 감사 편지 쓰기, 놀이 가르치기, 농촌 봉사 등은 정말 죽기 전에, 아니 일상에서 한다면 좋겠다. 피아노가 아니면 어떠랴? 그 어떤 악기라도 맛깔스럽게 다룰 줄 알면 얼마나 행복한가? 주로 설거지만 하는 나 같은 경우도, 아내를 위해 한 가지 요리라도 해낼 수 있다면 얼마나 좋을까 싶다. 문제는 당장이라도 하면 되는데, 그게 잘 안 된다는 점이다. 맨날 하는 변명이 '다른 급한 일이 많아서……'인데, 그렇다면 '진짜' 할 마음이 없다는 뜻이 아닌가?

그런데 한편으로는 이런 생각도 든다. 어차피 우리는 '사회적 동물'인데, 사회적 조건이 그렇게 우호적이지 않은 상태에서 '개인적으로' 버킷 리스트만 소리 높여 외치면 뭐하나 싶은 것이다. 일례로 최근 '임금피크제'니 '저성과자 일반해고'니 하는 논란에서도 보듯이, 이른바 '5060 신노년층' 또는 '베이비부머' 세대의 본격적인 은퇴가 시작됐다. 세계적인 경쟁 격화 속에서 기업들은 위기가 아니라 호기에도 '상시적' 구조조정을 해야 한다고 외친다. '마른 수건도 짜는' 방식의 경영을 하려는 것이다. 게다가 주거, 교육, 의료, 노후 등 사람이라면 누구나 누려야 하는 기본 생활권이 공공성으로 보장되지 않은 채, 오로지 일을 해 돈을 벌어 해결하라는 식이니, 대부분 사람이 '돈벌이'에 목을 매는 것은 필연적이다.

이런 상황에서 '버킷 리스트'는커녕, 인생이모작지원센터 같은 데서 제공하는 교육이나 봉사 프로그램에도 관심을 갖기 힘들다. 오히려 한 푼이라도 더 벌려고 비정규직이라도 좋으니 재취업하거나, '아직' 그래도 살 만하니 창업하겠다고 나서기도 한다. 심지어 경로당조차 노후에 다양한 친구와 함께 친교를 나누고 조용히 소일하는 공간이 더 이상 아니라, '뭔가' 생산적이고 경제적인 일을 할 수 있는 공간으로 변모하는 실정이다. 일례로 어느 지역에서는 참여 노인들에게 특별한 교육을 제공한다. '경로당 코디네이터' 교육이다. 이들은 소정의 활동비를 받으며 지역의 경로당에 가서 미술 활동을 주도하거나 환경 지킴이 또는 동아리 활동을 이끌게 한다. 이른바 은퇴 노인의 '자원화' 사업이다!

물론 아무 하는 일 없이 무기력하게 노후를 보내는 것도 문제지만, 이런 식으로 노인을 '자원화'하여 끊임없이 뭔가를 하게 하는 것도 문제가 아닐까? 이것이야말로, 유치원 아이들부터 시작한 학습 노동이 대학생의 취업 준비 노동을 거쳐 (심신이 소진될 때까지 이어지는 노동자들의) 돈벌이 노동 이후에 또다시 은퇴 노인들의 노후노동으로 이어지는, '노동사회' 내지 '일중독 사회'의 최종 완성판이 아닐까 싶다.

그렇다면 물어야 한다. 우리는 일하기 위해서 사는가, 살기 위해 일하는가? 살기 위해 일한다면 뭔가 근본적으로 좀 달라져야 하지 않겠는가? 아이들이 하고 싶은 공부(배움)를 즐겁게 하고, 어른들은 자기가 좋아하는 일(활동)을 해도 생계 걱정을 하지 않으며, 50, 60대에 자발적으로 퇴직하더라도 연금을 받으며 진짜 노후를 즐길 수 있는, 그리하여 진짜 '나만의 버킷 리스트'를 만족스럽게 실행한 뒤 행복하게 삶을 마감할 수 있는 사회는 불가능할까? 이런 생각을 가진 대통령, 국회의원, 장관, 도지사, 시장과 군수는 왜 그리도 찾기 어려운가? 무엇보다 일반 시민 모두가 매일 이런 꿈을 꾼다면 그 현실화 가능성은 더욱 커지지 않을까?

개인적 합리성과 사회적 비합리성

장면 하나. '개인의 자유로운 영리 추구는 나라의 부를 극대화한다.' 영국의 애덤 스미스가 1776년에 낸 『국부론』의 기본 명제다. 봉건 잔재가 강했던 18세기의 사상으로는 가히 혁명적이었다. 시장의 가격 경쟁, 즉 시장의 '보이지 않는 손'에 모든 걸 맡기면 봉건 귀족이나 군주국가, 종교 권력의 비합리적 힘을 제어할 수 있다는 원리다. 그러나 그가 생각지 못한 게 있었다. 가장 대표적인 게 독과점이다. 자유 경쟁의 끝에는 독과점이 있다. 19세기 후반, 영국 내 독점 대기업들이 시장을 독과점으로 장악했다. 무한 이윤을 추구하는 자본의 운동은 만족을 모른다. 한 나라 국경 안에 머물 수 없으니, 더 넓은 시장과 원료를 찾아 식민지 개척에 나섰다. 그 결과 국내에서는 자유 경쟁이 아니라 기득권 동맹이 정치경제 권력을 독차지했고, 해외에서는 식민지 선주민을 마을공동체에서 내쫓거나 정복자인 자신들의 노예로 만들었다. 제국주의가 작동하는 원리다. 바로 이 제국주의 패러다임이 세상을 지배하면서 기득권 동맹 밖의 세상 사람들을 피와 눈물, 트라우마(마음의 상처) 속에 살게 했다. 안타깝게도 21세기에조차 이 역사적 성찰을 도외시한 채 18세기 패러다임을 앵무새처럼 되뇌는 이들이 많다.

장면 둘. 내가 고교생이던 1970년대 후반이었다. 선생님과 대학생 선배들은 이렇게 말했다. "고1, 고2 때는 실컷 놀아도 된다. 그러나 고2 겨울 방학부터 1년만 열심히 해라. 그러면 네가 원하는 대학에 간다." 당시 나는 인근의 남녀 고교생들과 동아리 활동도 꽤 열심히 하며 고교 시절을 알차게 보냈다. 막연하지만 '꿈'꿀 시간도 있었다. 그러나 그 뒤 10년 내지 15년이 흐르자 어른들은 이렇게 말했다. "중1 때부터 열심히 하지 않으면 네가 원하는 대학에 갈 수 없다." 아이들은 중1 되기가 무섭게 대학 입시를 염두에 두고 학교와 학원을 전전했다. 동아리 활동이나 친구들과 놀이는 꿈같은 일이 되었고, 모든 꿈은 대학 이후로 미뤄졌다. 그리고 이제는? 요즘은 초등, 아니 유치원 때부터 대학 준비를 하지 않으면 아이가 원하는 대학, 아니 실은 '부모가'

원하는 대학에 갈 수 없다고 한다.

그래서 지난 50년을 돌이켜보자. 지난 50년 동안 아이들의 삶은, 우리 삶은 얼마나 좋아졌나? 갈수록 대학 입시를 준비할 시간이 더 어린 시절로 당겨졌고, 청소년 불행지수는 세계 최고를 달린다. 자녀 교육비는 갈수록 늘어 부모 소득이 제법 높아도 늘 허덕거리는 편이다. 이제 대학조차 낭만과 지성이 아닌, 학점 경쟁과 취업 준비 공간이다. 현재 대학생들의 최대 고민은, 취업도 문제지만 '꿈이 뭔지 잘 모른다'는 것이다. 꿈도 모른 채 늘 '준비'만 하다니.

장면 셋. '갈-비의 법칙.' 민간기업은 물론 공공기관 등 각종 조직에서 생존 법칙을 한마디로 표현한 것으로, 아래로 잘 갈구고 위로 잘 비벼야 살아남고 승진도 가능하다는 원리다. 신입 사원들은 처음부터 '회사 발전을 위해 몸과 마음을 바쳐 충성을 다하리라'고 맹세한다. 몇 주 내지 몇 개월의 적응 시간이 지나면서 누가 실세인지, 누구에게 줄을 서야 생존과 승진에 도움이 되는지 금세 알아차린다. 어릴 적부터 '조건 없는 사랑'이 아니라 조건부 사랑 속에서 '눈치 보기'를 생존전략으로 익혀온 대다수는 조직 안에서 곧잘 알아서 긴다. 위로 잘 비비고 아래로 잘 갈굴 때 생존한다는 원리를 온몸으로 실천하며 '강자 동일시' 심리를 내면화한다. 그렇게 10년, 20년 지나면 자신도 모르게 이상한 사람이 된다. 아래로 갈굴 때의 쾌감과 함께 폭력을 자신과 동일시하는 데서 오는 비인간화. 그리고 위로 비빌 때의 굴욕감과 함께 강자와 자신을 동일시하는 데서 오는 비인간화 때문이다. 일사불란하게 돌아가는 조직일수록 상사-부하 관계가 뒤틀린다. 비정상을 정상 취급하는 조직문화가 당연시된다. 기업이나 사회 전반에서 관찰되는 '적폐'의 본질 중 하나다.

세 장면의 공통점은, 개인적 합리성과 사회적 비합리성 간의 모순이다. 각 개인은 나름 합리적 행위를 하지만 사회 전체로는 의도하건 의도치 않건 심각한 비합리가 초래된다. 결국 온 사회의 비합리로 말미암아 마침내 각 개인의 합리적 행위조차 불가능해지는 시점이 온다. 시장의 자유경쟁 맹신이 독과점을 부르고 이것이 더 이상 자유 경쟁을 가능하지 않게 하며, 일찍부터 대입 준비를 할수록 아이들 삶은 엉망이 되고 더 이상 대학 생활은 의미가 없어진다. 나름 눈치껏 조직 생활을 잘해 높은 자리로 올라가나 조직 전체가 병드는 바람에 사회책임 경영은커녕 조직범죄 집단이 되지 않기가 어려운 상황 또한 문제다.

이런 상황에서 해결의 실마리는 어디에 있을까? 여러 해법이 제시될 수 있겠지만, 내가 보기엔 사회적 비합리성을 초래하는 개별적 합리성은 가짜 합리성이라는 통찰에 이르는 것이 출발점이다.

그리하여 나의 자유와 창의가 공동체의 복리와 평화에 자연스레 연결되는 것, 나의 흥미와 재주가 공동체의 발전과 질적 고양에 자연스레 이바지하는 것, 나의 자율성과 개성이 공동체의 민주화나 세상의 빛과 소금으로 승화하는 것, 이것이 개인과 사회가 조화롭게 사는 길이다. 바로 이런 맥락에서, 좋은 정치란 개인과 사회를 함께 보살피는 것이다. 그리고 이것은 민주 정부는 물론 풀뿌리 민초가 안고 있는 공동의 과제다.

20여 년 전 이맘때,
20여 년 뒤 이맘때

"정부는 심각한 외환위기를 타개하기 위해 (1997년 11월) 21일 밤 국제통화기금IMF에 200억 달러의 구제금융을 공식 요청했다." 20여 년 전, 이맘때였다. 캉드쉬 IMF 총재가 한국에 왔고, 1997년 12월 3일 김영삼 정부와 IMF 간 협상이 타결됐다. 이른바 'IMF체제'의 시작이다.

당시 주류 학계나 언론들은 1997년 7월 태국발 동남아 외환위기라는 외부 요인과 재벌 중심 경제, 방만한 차입경영과 관치금융, 부정부패, 대립적 노사 관계 등 내부 요인이 결합해 'IMF체제'가 왔다고 했다. 1996년 경제협력개발기구OECD 가입과 더불어 (신자유주의) 세계화가 급속하게 추진되었으나 노동계나 시민사회의 저항도 만만찮았다. 경제 및 사회의 개혁이라는 명분에 이견은 없었지만, 과연 어떤 방향과 내용으로 바꿀지에 대해선 시각차가 컸다.

단순화의 위험이 있지만, 자본 진영은 기업 이윤 증대를 위한 여건을 개선해야 온 사회가 득을 본다고 했고, 노동 진영은 노동 조건과 삶의 질을 개선해야 나라가 번영한다고 했다. 그러나 1998년에 출범한 김대중 정부는 'IMF체제'에 발목이 잡혀 어정쩡하게 정리해고제 및 근로자파견제 도입 같은 신자유주의 구조조정을 집행했다. 2003년에 출범한 노무현 정부 역시 출범 전과 달리 자본과 기득권층의 눈치를 보다가 결국 신자유주의 물결에 휘말리고 말았다.

『쇼크 독트린』을 쓴 나오미 클라인은 1997년 말에 들이닥친 한국의 외환위기를 "충격요법"이라 했다. 즉 미국 월가로 상징되는 세계 금융자본이 인위적으로 한국 등 아시아 국가의 금융시장을 붕괴시켜 세계 금융시장으로 편입시켰다고 주장한다. 그도 그럴 것이, 세계 금융자본의 눈에는 한편으로 한국의 갑갑한 국가-재벌 동맹체가, 다른 편으로 1987년 대투쟁 이후의 민주노동운동이 완전한 신자유주의 구현을 가로막는 장애물이었다. 그런 상황에서 월가와 세계자본 세력에는 '국가 부도'라는 사상 초유의 충격이 신자유주의를 쉽게 관철할 무기였다.

아니나 다를까, 당시 한국은 IMF 및 선진 각국에서 수백

억 달러를 빌려와 부도를 막는 조건으로 신자유주의 구조조정, 즉 자본시장 개방, 국가 규제 완화, 공기업 민영화, 그리고 노동 유연화 및 정리해고를 강행했다. 흥미롭게도 당시 대통령 김대중은, 미국 역사학자 B. 커밍스가 "IMF의 서울 지부장"이라 평할 정도로 IMF식 구조조정을 착실히 단행했다. 아마 (세계자본주의의 관리자) IMF 및 (무한 이윤 추구자) 세계 금융자본의 입장에선, 독재정권 시절 민주화 투사였던 김대중이 대통령이 되어 1995년에 창립된 민주노총과 더불어 (기존의 '국가-재벌 동맹체' 대신) '국가-노동 동맹체'를 건설하면, 자본의 돈벌이 조건을 악화할 것이 두려웠을 것이다. 바로 그 시점에 '국가 부도'라는 충격요법은 효과적이었고, '제2의 경술국치'나 '금 모으기 운동' 등으로 상징되듯 애국주의 프레임이 위력을 발휘했다.

그러나 지난 20여 년간 우리가 경험했듯이, (자본과 시장을 위해 온 자원을 동원하는) 신자유주의는 민주·보수 정부와 무관하게 정치·경제, 교육·문화 등 사회 전반을 황폐화했다. 그 와중에 극우보수는 민주정권에 비해 더욱 부패, 타락하여 마침내 '사자방 비리' 또는 '박근혜·최순실 국정농단' 사태를 불러 (2016년 가을부터 터져 나온) 촛불혁명 앞에 추락하고 말았다. 현재 우리는 직장인 85% 이상이 "언제 잘릴지 모르는" 불안의 시간 속에, 최고의 청년 실업, 최저의 출산율, 최고의 산재, 최저의 행복도 속에 산다. 'IMF 트라우마'의 결과다.

생각건대 20여 년 전 우리가 'IMF체제'에 빠졌던 역사를 냉정히 성찰하지 않으면 촛불혁명에도 불구하고, 향후 20여 년 뒤 한국사회는 더 비참해진다. 내 생각은 이렇다. 1987년 노동자 대투쟁의 열기는 자본에는 두려움의 원천이었지만, 민초들에겐 인간다운 삶을 향한 집합적 열정이었다. 이를 증명하듯, 1985년부터 1996년까지 10여 년 동안 경제성장률은 최고조였다. 바로 그 무렵 우리는 자본과 정권을 위한 구조조정이 아니라 민주와 복지를 위한 구조혁신이 필요했다. 즉 들끓는 민중의 열기를 등에 업고 두려움을 넘어 개발 독재 시절 구축된 국가-재벌 동맹체를 타파해 민주-생명 공동체를 창조해야 했다.

시대적 과제가 지난 20여 년 이상 지체되었기에 오늘 우리의 몸과 마음이 몹시 아프다. 따라서 20여 년 뒤 더 이상 아프지 않고 더불어 웃는 사회가 되려면, 지금부터 삶의 프레임을 제대로 바꿔야 한다. '아프니까 청춘'이 아니라, 아프니까 민주적으로 나서야 한다. 완전히 새로운 세상을 향해….

과정의 불법성,
결과의 합법성

사례 1. 2015년이었다. 자산 규모 8조 원대의 제일모직이 26조 원대의 삼성물산을 3대 1로 흡수한 뒤 다시 삼성물산으로 이름을 바꿨다. 사람들이 '코미디 아닌 코미디'라 불렀던 바로 그 합병이다. 사태의 핵심은 (약 4조 원의 비자금을 지녔던) 이건희 체제에서 이재용으로 지배구조 이동(경영권 승계)이었다. 삼성의 지배구조는 제일모직(에버랜드) → 삼성생명 → 삼성물산 → 삼성전자 등 '순환출자'로 이어져 있었다. 그 뒤 2년도 못 된 2017년 2월 중순, 특검에 의해 이재용 부회장이 구속 수감되었다. 삼성 총수의 첫 구속이었다. 특검은 이 부회장이 박근혜 대통령 독대 시 합병 관련 도움을 받기 위해 부정 청탁을 했고, 그 대가로 대통령의 최측근 최순실 모녀에게 승마 지원을 했다고 봤다. 당시 국민연금은 제일모직과 삼성물산의 대주주로, '외압' 탓에 불공정 조건으로 인한 수천억 원 손실을 무릅쓰면서 합병에 동의했다. 그러나 흥미롭게도 2017년 10월 19일 서울중앙지법 민사재판은 위 합병이 정당하다고 판결했다. "합병이 포괄적 승계 작업의 일환이었다고 하더라도 경영상 합목적성이 있기에 경영권 승계가 합병의 유일한 목적이었다고 할 수 없다." 이미 세상에 알려졌듯이, 지배구조의 부당한 승계 과정에도 불구하고 삼성물산과 제일모직의 합병은 정당했다는 것이다. 유구무언이다.

사례 2. 2012년이었다. 12월 대선을 앞두고 많은 일이 벌어졌다. 국정원은 '셀프 감금' 논란을 빚은 김하영 등 댓글 요원들을 통해 당시 야당 문재인 후보에 대한 비방과 흑색선전을 일삼았다. 윤정훈 목사 등 민간의 '십알단' 역시 국정원과 공조해 박근혜 후보를 지지하며 불법 운동을 했다. 또 새누리당은 극비 문건인 남북정상회담록을 공개, "노무현 대통령이 NLL을 포기했다"고 주장했다. 무단 공개도 문제지만 내용 또한 거짓이었다. 나아가 국군 사이버사령부는 2012년 총선 및 대선 때 심리전단을 꾸리고 많은 병사를 컴퓨터 및 SNS 댓글 공작에 동원했다. 선거일인 12월 19일에도 개표 조작 논란이 있었지만, 결과는 "51.6%로 박근혜 대통령 당선"이었다. 과정은 불법투성이, 결과는 합법이었다. 그 직후에 제기된 '대통령 당선 무효소송'은 양승태의 대법원 체제 아래 무한 계류(박근혜 임기 동안 계속)되다가 2017년 문재인 정부가 탄생한 뒤에 유야무야되고 말았다.

사례 3. 2005년이었다. 내가 사는 시골 마을에 논밭, 과수원을 허물고 약 1,000가구의 아파트 단지가 들어선다고 하여 내가 먼저 발 벗고 나섰다. 당시 이장에게 물었다. 어떻게 해서 갑자기 아파트가 들어서게 되었냐고. 몇몇 주민이 민원을 제기해 아파트를 지을 수 있게 토지 용도가 변경됐다고 했다. 그 민원서를 보자고 했다. 이리 피하고 저리 피했다. 담당 공무원을 찾았다. 그 민원서에 나온 8명의 이름을 적어 마을로 돌아와 일일이 물었다. 이장을 제외한 7명 모두 "전혀 모르는 일"이라 했다. '허위 민원서'였다. 당시 건설사 관계자들과 이장이 공모, 주민 몰래 불법 아파트 사업을 진행한 것이 사태의 진상이다.

나는 마을총회를 요구했고 그 자리에서 마을 어른들께 가짜 민원서를 공개 폭로했다. 아파트 사업이 강행되면 마을 공동체가 어떻게 파괴될지 심히 우려스럽다고 말했다. 어른들은 경악·분노했고 나를 새 이장으로 추대했다. 얼떨결에 대학교수가 시골 마을 이장이 된 배경이다. 나는 전 이장을 문서위조죄로 고발하고, 토지 용도 변경의 부당성을 행정 당국과 사법 당국에 알렸다. 토지 용도 변경의 토대가 된 문서는 가짜임이 밝혀졌고, 그는 벌금형을 받았다. 그러나 행정 및 사법 당국은 아파트 사업 자체는 합법이라 했다. 과정은 불법이되 결과는 합법인, 실로 기이한 나라!

이 땅이 기이한 '헬조선'이 아니라 정의로운 나라로 재탄생하려면 입법, 사법, 행정, 언론 등 분야를 가리지 않고 과정과 결과가 '모두' 사람 사는 이치에 맞게 바뀌어야 한다. 그러나 앞서 보듯 재벌이 부패하고 선거가 부정이어도, 온갖 서류가 조작돼도, 돈과 권력에의 질주는 계속된다.

이 맥락에서 문재인 정부의 '적폐 청산' 과업은 이 부당한 과정과 결과를 '모두' 바로잡는 일로, 촛불혁명이 가졌던 원래의 뜻이기도 하다. 여기서 적폐 세력들의 근거 없는 저항들은 적폐 그 자체를 더 잘 드러내고 완전 공론화함으로써 촛불시민의 힘으로 넘어가야 한다.

물론 적폐는 자본이나 국가 외에 마을과 일터에도 존재한다. 돈이나 고용 등 코앞의 이해관계 때문에 '신고리 5·6호 핵발전소를 계속 건설하자'는 60%의 우리 일부 역시 (숙의민주주의라는 합법성에도 불구하고) 생명과 평화의 긴 시각에서는 지양(극복)의 대상이다. 다수가 이미 인간적 필요보다 물질적 이해관계를 내면화한 상태이기 때문이다. 문제는 '공멸' 전에 과연 대다수가 (이해관계를 넘어) 삶의 지혜를 깨칠 수 있느냐다. 가슴 깊이 내면화한 물질적 이해관계를 털어내고 본연의 인간성을 회복함으로써 완전한 적폐 청산을 이뤄낼 때까지 마음의 촛불을 끌 수 없다. 민주주의 사회를 만들기 위해서라도 나부터 먼저 민주적인 사람이 되어야 한다. 마찬가지로, 인간 해방을 위해서라도 나부터 먼저 온갖 두려움이나 상처로부터 자유로워져야 한다. '나부터 혁명'이 중요한 까닭이다.

바이 코리아Buy Korea, 바이 코리아Bye Korea

한때 내 마음을 불편하게 했던 "바이 코리아Buy Korea!" 캠페인이 있었다. 1997년 말 이후 이른바 'IMF 외환위기' 극복의 맥락에서 비교적 값싼 한국 주식을 글로벌 투자자들에게 많이 사라고 권하는 자본운동이었다. 지금은 KB증권 아래로 통합된 현대증권이 1999년경 '바이 코리아 펀드'를 팔면서 유행했다. 역설적이게도 이는 사상 최초의 정권 교체를 이룬 김대중 정부 때였다. 그 덕에 현대증권은 당시 10위권에서 순식간에 1위로 떠올랐다. 이 캠페인이 내게 불편했던 까닭은, '제2의 국치'라 불리던 IMF 위기를 극복한다는 미명 아래 나라를 세계 자본에 팔자는 이완용식 모순 논리, 그리고 그 기저에 깔린 애국심 프레임 때문이었다. 애국심과 자본이 결합하면, 자본은 위기를 쉽게 극복하지만, 뒷감당은 반드시 민초들이 해야 한다. 해고와 자살이 그 대표적 증거다. 나는 1998년 초, 어느 대기업 부장이 수백 명의 살생부(해고 대상자 목록)를 만든 뒤 너무 괴로워 투신자살한 사건을 떠올린다. 우리 삶이 자본운동에 종속되는 한, 언제나 '죽음 충동'이 따라다닌다는 사실을 명심할 필요가 있다. 기업이 잘 나가도 죽고(산재, 중독, 과로사) 못 나가도 죽는다(도산, 파산, 해고, 자살). 자본이 죽음과 동전의 양면을 이루는 까닭이다.

그러나 경제 거품은 기필코 터지게 마련이다. 2000년 들어 '바이 코리아' 열풍 속에 증시 거품이 터지면서 당시 1,000조 원 규모의 주가 총액이 그 절반으로 떨어졌다. 당연히 많은 기업과 투자자가 파산했다. '혹시나' 했는데, '역시나'였다. 나를 비롯해 한국 경제를 근원적으로 성찰하자는 제안들이 있었지만, 진지하게 토론되지 않았다. 기업은 물론 온 사회가 '성장 중독증'에 걸린 탓이다. 경제성장만이 살길이요, 구원의 길이라 믿는다. 착각이다.

그 결과 연이은 노무현 정부나 이명박 정부 모두, '기업하기 좋은 나라'라는 구호를 당연시했다. '사람 살기 좋은' 나라가 아니라 '기업하기 좋은' 나라라니, 기업이 잘되면 민초들 삶도 따라 좋아진다는 신화를 맹신한 셈이다.

특히 2007년 12월 대선 당시 이명박 후보는 "경제가 제대로만 된다면 내년에 주가 3,000을 돌파할 수 있고, 임기 내에 제대로 하면 5,000까지 올라가는 것이 정상"이라 장담하기도 했다. 그러나 2017년 주가지수는 2,000대 내외였다. 이명박 정부의 '747 공약'도, 박근혜 정부의 '474 공약'도 공허한 무지갯빛 약속에 불과했다. 그 옛날 국정 교과서에 나온, 산 넘고 강 건너 무지개를 잡겠다며 하염없이 달려가던 어느 꼬마 이야기가 생각날 정도다. 의미도 없는 목표를 정해놓고 무작정 앞만 보고 달리는 꼴이다. 가봤자 공허하고 오히려 가는 도중에 사람이 쓰러질 판인데도, 기득권층은 잔소리 말고 계속 달리라고 한다.

결국 그들의 경제란 늘 말로만 서민경제였지 실제로는 기업의 돈벌이에 불과했다. 현재 우리 코앞엔 미세먼지 외에도 고용 불안과 청년 실업, 노동 소외, 핵 위기, 전쟁 위기, 기후 위기, 난개발과 투기, 가계·국가 부채와 사회경제 양극화 등 엄청난 과제가 쌓여 있다.

그사이 한국의 기업들은 무수한 글로벌 투자자들에게 팔려나갔다. 대표적으로 삼성전자, 포스코, 한국통신KT, 담배인삼공사KT&G, 국민은행, 네이버, 하나-외환은행, 신한지주, 대구은행, 부산은행 등은 이름만 한국 기업일 뿐, 주식 구성상 '외국' 기업이 수두룩하다. 더 중요한 것은 내국인·

외국인 기업 가리지 않고, 모든 경제 운용과 국가 경영 패러다임이 수익성 향상에만 초점을 맞춘다는 점이다. 인간성이나 생명력 차원의 성찰은 거의 부재하다. '4차 산업혁명' 논의도 마찬가지다. 인간성은 뒷전이다. 속물주의 천국이다. 그 틈에 최순실-박근혜는 재벌과 거래로 사적 이익을 챙기다 들통나고 말았다. 문재인 정부가 벌써 3년 차에 접어들지만 이렇다 할 가시적 성과를 내지 못하는 것도 결국은 자본(상품, 화폐)의 프레임에서 벗어나지 못하기 때문이다.

그 와중에 청년들은 '헬조선' 아래 꿈도, 희망도 자유롭게 품지 못했다. 기업이 원하는 인재상에 맞춰 '스펙' 경쟁만 하다가 지치고 실망한 나머지, 어떻게 하면 '헬조선'을 탈출할지 이민까지 고민하게 되었다. 다행히 2016년 10월 이후 6개월간 전국의 광장에서 비폭력 평화의 민주 촛불이 활활 타올랐다. 이제 더 이상 개인적 출세 욕망을 좇는 게 아니라 나라를 통째로 바꿔야 희망이라는 것, 사회경제 구조를 새로 디자인해야 청춘 남녀가 아무 두려움 없이 꿈꿀 수 있음을 깨달았다. 준비된 민주화 정부라는 문재인 정부의 성공을 위해서라도 자본의 프레임을 넘어 근본적으로 새로운 구조를 창출해야 한다.

이제 우리가 나서서 "바이, 코리아Bye Korea!"를 외칠 때다. 이때 결별해야 할 코리아는 물론 '헬조선'이다. 엄마 아빠 손을 붙잡고 나가 공원이나 동산에서 즐겁게 뛰놀아야 할 꼬맹이들이 숙제와 학원에 시달리는 게 헬조선이요, 청춘 남녀들이 낭만과 지성의 기쁨을 즐기기는커녕 높은 학비와 취업 준비에 겉늙어가는 게 헬조선이며, 직장인들이 자아실현은커녕 고용 불안과 만성 피로에 시달려야 하는 현실이 헬조선이고, 노인들이 사회적 존경을 받으며 노후를 즐기기보다는 용돈 몇 푼 벌려고 알바 자리를 찾아 헤매야 하는 게 헬조선이다. 바로 이런 헬조선과 기꺼이 결별을 선언할 때다.

더는 애국심과 자본이 결합하는 프레임이 아니라, 우애심과 생명 존중이 결합하는 프레임으로, 정치경제, 사회문화, 교육 종교 등 삶의 전반을 근본부터 다시 세워야 한다. 무한 이윤을 추구하는 가운데 살아 있는 생명들(사람과 자연)의 고통엔 눈을 감은 채 무조건 앞만 보고 달리라는 중독 시스템을 과감히 버려야 한다. 바로 그 중독 시스템의 핵심인 '재벌-국가 복합체'도 해체해야 마땅하다. 왜냐하면 『마취의 시대』를 쓴 로랑 드 쉬테르 교수가 강조하는 바, 오늘날 자본주의는 코카인으로 상징되듯, 곳곳을 마비시키는 동시에 돈벌이에 필요한 부분만 자극해내는 '나르코 자본주의Narco-Capitalism'가 되었기 때문이다. 그래서 외친다. 바이바이, 코리아Bye Bye, Korea! 드높은 민주주의를 위하여!

지역 개발과 풀뿌리 민주주의

우리나라 지방자치의 역사는 멀리는 1948년 제헌헌법 제97조에 의거해 제정된 1949년 7월의 지방자치법으로 거슬러 올라간다. 이 법은 지방자치에 관한 기본법이지만, 정치 사회적 여건 때문에 1961년 5·16 이후 그 중요 부분이 무력화된 채 25년 이상 겨울잠을 잤다. 물론 그간 지방자치와 풀뿌리 민주주의를 구현하려는 움직임이 존재했지만, 독재 치하에서 압사됐다. 일례로 지방자치의 상징 중 하나인 지방의회는 민정이양헌법이라 알려진 1962년 12월의 제3공화국 헌법에 따라 "그 구성시기에 관하여 법률로 정한다"고 했으나, 1972년 12월의 제4공화국 헌법 제10조에서 아예 "조국통일이 이루어질 때까지 구성하지 아니한다"고 해버렸다. 그 뒤 신군부의 1980년 10월 제5공화국 헌법에서는 "지방자치단체의 재정자립도를 감안하여 순차적으로 구성하되, 그 구성 시기는 법률로 정한다"고 했지만, 그 법률도 끝내 제정되지 못했다. 결국 지방자치법의 부활은 4반세기가 지난 1987년 민주화 운동 이후에나 가능해졌다.

그리하여 새로운 지방자치법은 1987년 민주화 이후인 1988년 4월에 제정되었고, 1989년 12월에 개정되었다. 지방자치단체의 장은 여전히 임명제로 정해지다가 1989년 12월의 개정 지방자치법에 의해 선거로 뽑기로 했다. 마침내 지방의회 의원선거는 1991년 6월 (30일 내에) 실시하기로 했고, 4년 임기의 지방자치단체장 선거는 1995년 6월 (30일 이내에) 실시하기로 했다(최초 임기는 1995년 7월 1일부터). 지방자치단체의 자치권에는 자치입법권(조례 · 규칙 · 교육규칙) · 자치재정권(지방세 과징) · 자치행정권이 포함된다. 요컨대 1990년대 이후 실시된 '분권 민주주의' 제도인 지방자치제는 1987년 민주화 운동이 그 원동력을 이룬다.

원래 지방자치 제도는 중앙집권식 권력 시스템의 한계를 돌파해 명실상부한 민주주의를 구현하려는 취지에서 풀뿌리 민중이 적극 제안, 주장, 요구, 관철해낸 것이다. 그러나 현실적으로 작동하는 지방자치 제도는 이러한 풀뿌리 민주주의가 온전히 관철된다고만은 할 수 없다. 오히려 많은 경우 지방자치 제도는 한국 자본주의가 시골 방방곡곡까지 스며드는 과정이었으며, 지방 토호 세력과 자본 권력층이 결합하여 중앙 정치판을 지방 차원에서 흉내 내는, 기득권 정치의 축소판이 되었다. 요컨대 현재 한국에서 지방자치제는 한편으로 풀뿌리 민주주의의 열망을 반영하면서도, 다른 편에서는 지방 차원에서 정치경제적 기득권 세력이 풀뿌리 담합주의를 관철하는 현장이 되고 말았다. 이렇게 되면 마강래 교수의 책이 우려하는 것처럼 『지방분권이 지방을 망친다』! 결국 지자체를 통한 토호세력의 담합주의가 지방을 망치게 될지, 아니면 명실상부한 풀뿌리 민주주의가 더 착실히 구현될지는 민주 시민들의 조직된 역량과 그에 기초한 사회의 재구성에 달려 있다.

그러나 당분간 이 모순적인 두 측면이 말끔히 해소될 가능성은 매우 낮다. 안타까운 일이지만 이것이 현실이다. 하지만 바로 이 시점에서 우리는 풀뿌리 민주주의의 중요성을 다시 한번 인식할 필요가 있다.

첫째, 중앙집권적 권력 체제의 민주화를 위해 풀뿌리 민주주의 강화가 절실하다. 중앙집권적 권력 체제의 한계와 모순은 이미 그간 역사적 과정에서 거듭 확인된 바 있다. 가장 심각한 점은 독일의 민중 시인 베르톨트 브레히트가 예리하게 읊은 바 있다. "국가권력은 국민에게서 나온다. 그런데 그 국가권력은 어디로 갈까? 그래, 국가권력은 어딘가로 가겠지. 그 어딘가로 갈 거야!" 대한민국 헌법 역시 "모든 권력은 국민에게서 나온다"고 하지만, 바로 그 권력이 대통령이나 국회의원 등으로 위임되는 순간 이상하게 사라지고 만다. 아니 그것은 마치 장 자크 루소(1712~1778)가 "모든 국민은 투표가 끝나는 순간 다시 노예가 된다"고 한 것처럼 풀뿌리를 지배하는 무서운 공권력으로 돌변해 낯설게 되돌아온다. 요컨대 중앙집권주의에서는 풀뿌리가 권력으로부터 소외Entfremdung된다. 이 문제를 해결하려면 풀뿌리가 중요 의사결정에 참여, 개입, 감시하고 그에 상응하게 공동의 책임을 지는 것이 중요하다.

둘째, 풀뿌리 민주주의가 구현되지 않으면 거시적 정치경제 시스템은 물론이요, 우리의 일상적인 삶, 특히 마을이나 학교, 직장, 자연 등의 공간이 정치경제적 기득권 세력들에게 농간당하기 쉽다. 그리하여 시간이 갈수록 공동체적 인간관계는 경쟁적으로 변하며 모든 사람은 마치 모래알처럼 흩어진다. 나아가 인간의 삶을 지탱하던 산이나 들, 강이나 호수조차 오염·훼손되거나 사유화되어 특정 소수만의 전유물로 전락한다. 이 모든 것의 결과는 인간 공동체 파괴요, 자연 생태계 붕괴다. 따라서 풀뿌리 민주주의를 튼튼하게 구축하고 더 온전히 발전시켜야 모든 지역, 나아가 나라 전체가 살맛 나는 곳으로 고양된다.

셋째, 풀뿌리 민주주의는 풀뿌리 민초들 자신의 지적, 정서적, 인간적 고양과 발전을 위해서도 절실히 필요하다. 풀뿌리 민주주의grassroots democracy가 무엇인가? 민초들이 일상적으로 만나 지식과 지혜를 나누고 공유하며, 중요 사안마다 의견을 모으고 토론하면서 차츰 더 고차원적 의식을 획득하는 과정이다. 즉 풀뿌리 민주주의란 단순히 지자체의 장이나 지방의원을 선출하는 일에 그치지 않고, 풀뿌리 민초들이 부단히 상호작용하는 가운데 지자체의 의사결정은 물론 민초 자신의 일상적 삶의 문제와 관련해 스스로 생각하고 느끼고 말하고 행동하는 과정까지 아우른다. 이 생동하는 민초들의 에너지가 충만히 흐르지 않은 지자체는 사실상 죽은 것이나 다름없다. 심하게는 전국의 민초를 더 확실히 지배하는 기제에 불과하게 된다.

요컨대 풀뿌리 민주주의는 풀뿌리가 집단 지성을 통해 학습하고 발전하는 과정이라는 점에서 민초들의 의식 고양을 위해서도 절박하다. 프랑스의 한 교사가 학기 초에 한 말은 여기서도 시사적이다. "저는 정답보다 정답에 이르는 과정, 사고의 과정을 더 중요하게 생각합니다"(목수정, 『칼리의 프랑스 학교 이야기』). 과정으로서 민주주의는 학교나 일터, 마을, 사회 등 삶의 전반에서 중요하다.

그런데 불행히도 중앙정치나 지방정치에서 사람들의 눈길을 가장 많이 끄는 의제는 '지역 발전'이다. 자연히 '정부 예산을 많이 따와 개발 사업을 하는' 시장이나 군수, 의원들이 인기 높다. 이제는 아예 처음부터 '개발 사업'을 위해 시의원이나 시장, 군수, 국회의원 따위에 출마하기도 한다. 일례로 2016년 4·13 총선에서 어느 지역구 국회의원 후보는 굴삭기를 직접 몰면서 '지역 개발' 또는 '낙후 지역 극복'을 위해 혼신을 다하겠다는 결의를 보이며 선거 운동을 했다. 사실 대부분 선출직 의원은 자신의 공적을 말하면서 무슨 도로 확장이니 공원화 사업이니 아니면 재개발 사업의 성공적 완수니 하는 등, 주로 '지역 개발'을 단골 메뉴로 내세운다. 이런 식이다. 왜냐하면 이런 개발 사업이 눈에 쉽게 띄기 때문이다.

도대체 개발이란 무엇인가? 더글러스 러미스의 『경제성장이 안되면 우리는 풍요롭지 못할 것인가』에 따르면, 개발development이란 영어 단어가 원래 영국에 있던 단어는 아니다. 1945년 일본에 원자탄을 투하하고 대통령 선거에서 승리한 트루먼이 1949년, 미국에 '새로운 정책'이 있다고 발표한다. 제2차 세계대전이 끝난 뒤 영국 대신 세계의 헤게모니를 장악한 미국이 세계 전역의 민족해방투쟁으로 인해 예전의 제국주의처럼 노골적인 식민지 건설을 하기 어려워졌기 때문에 이른바 '후진국'들 또는 '미개발국'들을 투자할 수 있는 형태로 만들어 자본의 수익성을 올리겠다는 것이었다. 요컨대 트루먼 대통령이 연설에서 주창한 '경제발전' 또는 '경제개발' 이데올로기는 경제발전에 따라 후진국을 벗어나 선진국으로 발전할 수 있다는 대의명분을 세우기에 안성맞춤이었다. 이른바 후진국-선진국의 이분법이다. 박정희식 '경제개발 5개년 계획' 역시 바로 이 이데올로기 위에 있었다. 요컨대 미국 트루먼 대통령 때부터 '나라 A가 국가정책으로 나라 B를 개발시킨다develop'는 개념과 '그로 인해 나라 B의 발전development이 이뤄진다'는 개념이 탄생했다.

따라서 불행히도 이 개발 또는 발전 개념 자체가 처음부터 민주주의와 거리가 멀었다. 왜냐하면 민주주의란 민초들이 의사결정의 주체가 되어야 하는데, 개발 또는 발전 개념에서 민초들은 이미 개발의 대상으로 전락하기 때문이다. 강한 나라 또는 국가가 주체이고 약한 나라나 민초들은 객체 또는 대상이다. 그러니 민주주의와 정 반대다.

바로 이런 맥락을 잘 파악한다면, 오늘날 우리가 경험하는 각종 난개발 사태나 불법 개발 행위들을 올바로 이해할 수 있다. 일례로 무려 22조 원의 혈세가 들어간 '4대강 사업'은 결국 '녹조 라테'를 만든 것으로 귀결되었고, 경우에 따라 강물이 잘 흐르지 못하는 바람에 이상한 기생충들이 창궐해 물고기가 집단 폐사하기도 했다.

또 내가 사는 조치원 신안리에는 2005년부터 약 1,000세대 가까운 고층 아파트 단지 건설 사업이 추진되었는데, 알고 보니 지자체 공무원들이 당시 마을 이장 주도의 '허위 민원서'를 근거로 논, 밭, 과수원이던 토지를 아파트단지 건설 용지로 둔갑시켰다. 당연히 시행사와 관계 공무원의 물밑 작업이 없이는 불가능한 일이었고, 도지사의 승인 없이는 불가능한 사업이었다. 이에 나는 경악하고 분노한 주민들에 의해 신임 마을 이장으로 추대되어 무려 5년 동안 불법 건설 사업에 저항하는 투쟁을 주도했다.

또 2016년경부터는 세종시와 공주시 인근인 금강 주변, 그리고 고려대학교와 홍익대학교 캠퍼스 주변에 '전원주택단지'라는 이름 아래 기존의 임야나 산지들이 무분별하게 파헤쳐지는 난개발 사업 현장이 우후죽순처럼 번졌다. 특히 기가 막히는 것은, 개발 행위 허가 관련 담당 공무원들의 의식이 대체로 개발업자developer의 마인드로 무장해 있다는 점이다. 일례로 현재 국토계획법이나 세종시 조례에 따르면, 도시지역 내 보전녹지지역(산지)은 최대 5,000평방미터까지 개발 가능한데, 담당 공무원은 "산지 소유주를 달리하여 5,000평방미터씩 '쪼개기식 개발'을 한다면 막을 수 없다"고 했다. 기가 막혔다. 현행법상 '최대한'의 규모를 정해놓았다면 그 규모를 초과하는 개발 행위는 불가능함에도, 그 법리를 왜곡하여 '최대한'의 규모를 여러 쪼가리로 나눠서 개발한다면 '얼마든지' 할 수 있다고 해석하다니…. 앞서 말한 토호세력과 지방 자본의 결합이 바로 이런 경우일 것이다. 생각건대 실무 담당 공무원의 의식이 이런 정도라면 공무원이 아니라 '공작원'이다. 따라서 이들은 엄격한 감사 대상이거나 수사 대상이 되어야 마땅하다.

이런 식으로 오늘날 지역 개발은 민주주의와 어긋나는 것이 마치 정상처럼 되어버렸다. 그러나 지역 개발이라고 해서 반드시 민주주의에 반해야 하는 것은 아니다. 길은 얼마든지 있다. 가장 대표적인 것이 '지속 가능한 개발' 또는 '풀뿌리 민초가 디자인하는 개발'이다. 물론 이것이 건강하게 가려면 풀뿌리 민초 자체가 건강해야 한다. 자본을 내면화한 상태가 아니어야 한다는 뜻이다.

앞서 우리는 지방자치의 두 얼굴, 즉 풀뿌리 민주주의 차원과 풀뿌리 담합주의 차원이라는 두 측면이 상호 긴장 또는 모순 관계에 있음을 살폈고, 풀뿌리 민주주의를 더욱 고양할 필요성까지 살펴보았다. 나아가 지역 발전 또는 지역 개발의 개념이 잘못 정립되면, 풀뿌리 민주주의를 고양하기는커녕 오히려 악화할 수 있음을 확인했다.

이런 상황에서 우리가 해야 할 일은 무엇인가? 첫째, 개발 또는 발전의 개념을 비판적으로 성찰한 위에서 '지속 가능성'과 '민주주의'를 염두에 둔 지역 발전을 도모해야 한다. 일례로 서울의 노원구 지역에는 마을도서관 운동이 매우 활발한데, 내가 보기에 민·관 협력이 매우 잘 이뤄지고 있었다. 그것은 시민이 각종 프로그램을 입안하면 행정관청이 행정적, 재정적 지원을 아끼지 않고 지원하며, 다시 시민이 그 실행을 책임지는 형태로 운영된다. 물론 사후 평가에는 관과 민이 공동으로 참여한다. 만일 관청이 계획과 실행까지 모두 한다면, 시민은 단순한 객체나 소비자에 머물고 말 것이다. 전국적으로 상당히 많은 프로그램의 실패와 좌절에는 바로 이런 문제들이 있다. 시민이 주체로 서는 민주주의가 있어야 프로그램의 지속 가능성이 유지된다. 위 노원구의 경우, 시민 활동가들은 평소에도 부단히 인문학 공부를 하며 사회와 역사에 대한 의식이 높았고, 다양한 활동 경험 속에서 풀뿌리 민주주의에 대한 역량이 높은 편이었다. 바로 이것이 바람직한 민·관 협력은 물론 지역 민주주의의 기초로 작용하게 되었음을 물론이다.

지역 개발 또한 마찬가지다. 일례로 캐나다 토론토시의 하이파크High Park라는 매우 큰 공원(총 50만 평)에는 특별한 어린이 놀이터가 있다. 제미 벨 어드벤처 놀이터Jamie Bell Adventure Playground가 바로 그것이다.

원래 하이파크 공원 부지는 1896년에 목양 농장으로 쓰려고 이 땅을 처음 구매했던 건축가 겸 도시 공학자인 존 하워드(1803~1890)가 지자체와 시민에게 기꺼이 헌정한 것이다. 조건은 딱 하나였다. 그것은 그 땅을 가능한 한 자연 상태로 보존하여 시민들이 편하게 휴식을 취하도록 활용하라는 것이었다. 그런데 이 공원 안에 있는 명물 중 하나가 곧 1998년경 만들어진 제미 벨 놀이터다. 당시 시민들은 제미 벨을 중심으로 위원회를 구성해 공원을 어떻게 조성할지 의논했다. 특히 어린이 놀이터와 관련해 특이한 아이디어를 냈다. 마을 어린이들을 모아 아이들에게 자상하게 설명한 뒤 "너희가 만들고 싶은 놀이터를 그림이나 말로 표현해줄래?"라며 제안한 것이다. 아이들은 신이 나서 다양한 아이디어를 제출했다. 그 모든 것이 수합되자 어른들은 이를 실행하려고 각종 자재 조달 계획을 세웠다. 실제 놀이터 조성 과정에서도 어른들과 아이들이 함께 일했다. 이 공동체 주도의 놀이터 건설에는 무려 3,000명의 시민이 다양하게 참여했고, 어른 아이 할 것 없이 1,000가지 넘는 예술 작품을 스스로 만들었다. 다양한 놀이 공간은 아이들에게 모험심과 즐거움, 상상력을 자극하기에 충분하다. 그렇게 즐거운 마음으로 일한 뒤 스스로 만든 놀이터에서 신나게 뛰어놀았던 아이들이 이제는 어른이 되어 그 아들이나 딸, 나아가 손자나 손녀를 데리고 이 공원을 또 찾는다. 감동적이다. 이런 걸 우리라고 못 할 게 뭐 있는가?

둘째, 앞서와 같이 민주주의에 토대한 지역 발전을 도모하기 위해서라도 시민 의식이 지속해서 고양되어야 한다. 특히 토지와 관련하여 '부동산 개발'이나 '시세 차익'을 노리는 속물주의는 금물이다. 참된 시민 의식 고양을 위해서는 교육, 언론, 종교의 역할이 크다. 아이들이 어릴 적부터 '생각하는' 시민으로 성장하도록 도와야 한다. 대화와 토론의 기술도 익혀야 하고 하이파크나 제미 벨 놀이터와 같은, '삶의 질' 고양을 위한 각종 사례도 다양하게 공부해야 한다. 언론 역시 그런 방향성을 가진 프로그램을 많이 만들고 내보내야 한다. 종교 역시 마찬가지다. 개인의 구원보다 참된 사회 발전을 염두에 두고 좋은 가치관을 공유하는 일에 앞장서야 한다. 사실 현재에도 '주민 주도적 개발(제안)'과 같은 제도가 있긴 하나, 이것조차 극소수 이해관계자들이 주도할 뿐, 광범위한 시민 참여는 여전히 미흡하다. 결국 시민 의식의 고양이 광범위하게, 그리고 지속해서 이뤄져야 비로소 풀뿌리 민주주의에 기초한 지역 발전이 가능할 것이다.

셋째, 진정으로 바람직한 지역 발전 또는 나라 발전이 이뤄지려면, 현재 우리 모두의 삶의 방식에서 '패러다임 전환' 또는 '시스템 전환'이 일어나야 한다. 오늘날 우리는 바야흐로 고성장 시대를 종료하고 저성장 또는 제로성장 시대에 왔다. 이제 세계 경제는 더 이상 팽창할 공간도, 자원도 별로 없다. 『노 모어 워크』를 쓴 제임스 리빙스턴 교수 말대로, 이제는 "경제성장에 더 많은 자본, 더 많은 노동이 요구되지 않는" 지경이 되었다. 따라서 '완전고용'이란 헛소리 대신에 '일 대신 여가'를 삶의 필수 조건으로 삼아야 한다.

한편 이런 상황에서 일각에서는 전쟁을 대안으로 여긴다. '군산학 복합체'가 바로 그 중심에 있다. 남미, 아시아, 중동, 아프리카 등에서 전쟁을 즐기는 미국이 대표적이다. 전쟁의 반대가 평화라면, 파괴의 반대는 건설이다. 하지만 현재의 성장 패러다임(경제성장 중독증) 안에서 건설조차 (아파트 단지나 공업단지, 도시 재개발에서 보듯이) 대부분 자연 파괴 또는 공동체 파괴로 이어진다. 흥미롭게도 이 점은 19세기 전반의 괴테도 잘 알았다. "전쟁, 상업, 그리고 해적질은 분리할 수 없다"(자라 바겐크네히트, 『풍요의 조건』). 자본주의 자체가 이미 전쟁을 내포한다는 이야기다. 이러한 점은 오래전에 권정생 선생도 『우리들의 하느님』에서 시골 마을에

골프장이 강행되는 걸 보면서 날카롭게 지적하였다. "경제 성장은 중동전쟁이나 이 조그만 마을에서 일어나는 모양이 크고 작은 차이뿐이지, 폭력이 동원되는 것은 똑같았다. 인간성이 파괴되고 인명의 살상과 자연파괴는 필수적인 것이다." 따라서 진정한 자치와 평화를 바란다면 우리는 전혀 다른 패러다임을 추구해야 한다.

따라서 이제는 성장이 아니라 '성숙'의 패러다임이 필요하다. 외적 팽창이 아니라 내적 성숙이 필요하다는 말이다. 그리하여 무조건 크게, 높이, 많이 건설하는 것이 아니라, 사람과 사람, 사람과 자연이 더불어 행복하게 살 수 있는 그런 공간을 디자인하고, 그 내용을 민주적으로 채워가는 새 개념이 절실하다. 과연 우리는 온갖 속물적 이해관계에서 벗어나 아무 두려움이나 주저함 없이 진정 행복한 길을 열어갈 수 있을까?

농사와 농민을 존중하는 경제

"올해도 쌀농사가 대풍을 맞을 것으로 예상되는 가운데, 지역 농민들은 가격 하락과 수매 걱정이 깊은 것으로 나타났습니다."

시시때때로 보는 뉴스다. 이상하다. 농사가 풍년이 들면 농민들이 춤을 추고 온 동네에 잔치가 벌어져야 하는데, 왜 농민들은 걱정이 앞설까? 사실 이런 일은 한두 해 반복되는 게 아니다. 따지고 보면 1960년대 경제개발 이후 지금까지 '일관되게' 계속되어온 사실이기도 하다. 물론 1980년대까지만 해도 농사지어 자식들을 교육하는 게 가능했다.

그러나 1990년대를 지나면서 농민은 이 땅에서 더는 국민 대접을 받지 못한다. 심하면 농약 먹고 자살하거나 백남기 어르신의 경우처럼 국가 폭력에 희생되어야 한다.

도대체 무슨 일인가? 과연 농사, 농민, 농업, 농촌을 어떻게 보아야 하는가? 헌법에는 아직도 '경자유전의 원칙'이 살아 있건만, 전국의 농지나 산지는 도시의 부자들이 대다수 장악한 지 오래되었다. 토지 정보에 밝은 정치가들이 부재지주로서 많은 땅을 갖고 있다가 들키면 "땅을 사랑하기 때문"이라고 터무니없는 소리를 해도 쫓겨나지 않는 세상이다. 생명의 원천인 땅이 이젠 투기나 재산 증식의 수단이 되어버렸다. 이 일을 어찌할 것인가?

사람들은 이제 농사는 과거의 일이라 생각한다. 미래의 일은 컴퓨터나 스마트폰, 4차 산업혁명에 있다고 본다. 그러니 농산물은 해외에서 사 먹고 첨단 기술 생산물만 많이 팔면 온 나라가 부자가 되어 모두 잘살 수 있다고 믿는다. 그러나 이건 새빨간 거짓말이다. 아니면 순진한 이들의 착각에 불과하다. 왜 그런가?

첫째, 해외 농산물 시장은 초국적 자본에 의해 갈수록 독과점되어 민중(농민)의 손을 떠나고 있다. 만일 세상의 자작농이나 소농들이 죄다 망하고 나면 몬산토나 카길 같은 초국적 농기업들은 농산물 가격을 제멋대로 올릴 것이다.

둘째, 해외 농산물이 국내로 들어올 때는 건강한 것이 오기 어렵다. 농약, 제초제, 방부제, GMO투성이들이 들어온다.

2011년 이후로는 후쿠시마 방사능으로부터도 자유롭지 못하다. 이미 이게 현실이고 이런 농산물을 수십 년 먹다 보면 기형아나 아토피, 암이 발생하기 쉽다. 살기 위해 먹는 것인데, 먹을거리 때문에 목숨을 잃는다면 이게 무슨 소용인가?

셋째, 식량 안보의 차원도 있다. 아무리 우리가 비싼 돈을 주고 사려고 해도, 또 '몸에 좋지 않아도 좋으니 제발 우리에게 먹을거리를 많이만 팔아 다오'라고 요구했을 때, 만일 (우리에게 식량을 수출하는) 미국이나 중국이 이렇게 말하면 어떻게 되는가? "과거에 너희들이 싸드 문제로 우리말을 잘 안 들었지? 그러니 이제 농산물이 아무리 많아도 너희에겐 팔지 않겠다." 한마디로 식량이 무기가 될 수 있다. 곡간이 든든해야 내가 할 말을 하고 살 수 있다는 원리, 즉 식량 자립이 자주 국가의 토대임을 잊어선 안 된다.

넷째, 농어촌과 자연은 경제적 기능만 하는 게 아니다. 들판의 황금 물결, 하늘의 잠자리, 그리고 아이들이 깔깔거리며 뛰어노는 들판과 산을 보라. 이것에는 우리에게 보이지 않는 생태계 순환의 가치 또는 정서 순화의 가치가 있다. 이것은 상품이나 화폐 가치와는 전혀 다른 차원이다. 생명의 가치이기 때문이다. 혹시 우리가 각박한 도시 생활에서 마음을 다쳐도 우리는 자연의 품 안에서 그 상처(트라우마)를 위로받고 치유할 수 있지 않던가? 또 힘든 생활을 하다가도 고향의 어른들을 찾았을 때 풍성하게 느껴지는 순박한 공동체의 인심이 우리의 다친 마음을 어루만져 주지 않던가?

이렇게 농어촌 공동체와 자연이 살아 있을 때 우리는 인간다움을 잃지 않고 살아갈 수 있으며 생명에 대한 감수성, 인간에 대한 감수성을 잃지 않고 살아갈 수 있다. 아이들에게 물려주어야 할 것은 더 많은 돈이 아니라 이렇게 살아 있는 자연, 살아 있는 공동체다.

마지막으로 꼭 알아야 할 것은, 농산물을 공산품과 동일한 논리로 취급해서는 안 된다는 점이다. 농산물은 단지 상품이 아니라 우리의 생명을 이어가는 원천이다. 공산품은 없어도 살지만, 농산물은 없으면 죽는다. 공산품은 인간과 자연을 분리하지만, 농산물은 인간과 자연을 하나로 엮는다. 공산품은 시장 경쟁의 원리로 취급해도 되지만, 농산물은 생명 공동체의 원리로 작동된다.

바로 이런 메시지가 백남기 어르신의 죽음이 우리에게 던지는 것이다. 곧 농업, 농사, 농촌, 농민을 존중하는 경제가 민초의 살림살이를 든든하게 한다. 바로 이런 정신을 가진 정부나 국가가 나라를 이끌고 또 이런 생각을 가진 시민들이 많아질 때 우리는 마침내 '헬조선'을 탈출하고 민주주의를 꽃피울 수 있다.

정의를 위한 촛불, 민주주의의 초석

2016년 10월 24일 JTBC의 최순실 태블릿PC 보도에서 2017년 3월 10일 박근혜 대통령 탄핵 선고까지 우리는 아마도 단군 이래 가장 민주적인 변화의 시간을 보낸 것 같다. 우선은 촛불 시민에 의한 대통령 탄핵이라는 초유의 사태 때문이고, 다음으로는 '재벌-국가 복합체'의 부패 네트워크가 지금처럼 극명하게 드러난 적이 없기 때문이다.

사실 사태가 거의 혁명적인 국면으로 발전한 데는 〈JTBC 뉴스룸〉 외에 《한겨레》나 TV조선도 상당 정도 기여했다. 그러나 가장 큰 공은 JTBC로 돌려야 할 것 같다. 그것은 단순히 최순실-박근혜의 국정농단을 명백히 증명하는 태블릿PC를 그 기자들이 찾아냈다는 사실뿐 아니라, 어떤 외압이나 극우세력 등의 비난에도 불구하고 초지일관 진실을 보도했기 때문이다. 더구나 JTBC는 삼성 재벌과 밀접한 연관이 있는《중앙일보》와 자매 언론이 아닌가? 삼척동자도 알듯이 조·중·동으로 불리는 보수 언론은 대체로 정권과 재벌의 입장을 대변해왔다. 그러나 손석희 사장이 이끄는 JTBC는 기존의 관념을 뒤집어 놓았다. 오로지 민주주의와 진실 보도라는 일관된 신념으로 임해왔기 때문이다. 나아가 JTBC의 연이은 '진실 보도'는 마치 촛불 시민들과 호흡을 맞춘 듯 민주주의를 위한 행진에 함께했고, 심지어 다른 보수적인 (때로는 극우적이기까지 한) 종편 채널들까지 상당히 변화시켰다. 많은 사람이 손석희 사장과 기자들에게 마음으로부터 박수를 보내는 까닭이다.

반면 그동안 극우 보수 세력들이 JTBC와 손석희 사장을 몰아내려고 얼마나 지독한 비난을 해왔는지, 나아가 그들 나름 진실을 호도하기 위해 각종 가짜뉴스나 그것을 담은 유튜브 영상물을 얼마나 많이 만들어왔는지도 기억할 필요가 있다. 그러나 이런 극우 기득권 세력이 준동할수록 언론 민주주의가 얼마나 중요한지 더욱 절실히 부각될 뿐이다.

어쨌든 시민들이 그런 진실 보도를 접하면서 추운 겨울을 무릅쓰고 18~19차에 걸쳐 촛불집회를 이어가면서 국회 청문회, 특검, 국회에서 탄핵 소추, 그리고 마침내 헌법재판소 탄핵 심판 결정에 이르기까지 민주주의를 향한 긴 여정에 동참하게 되었다. 마침내 우리는 헌법재판소가 2017년 3월 10일, "피청구인 대통령 박근혜를 파면한다"라는 열다섯 글자로 명쾌하게 결론 내는 것을 보았다. 이어 우리는 그 박근혜가 청와대를 떠나 삼성동 집으로 가는 것을 보았고, 차기 대통령 선거일(5월 9일)이 정해지고, 3월 21일 박근혜의 검찰청 출두, 그리고 마침내 3월 31일 구속까지 지켜보았다. 그 와중에 그간 3년 내내 '모르쇠'로 일관된 세월호도 마침내 불과 며칠 만에 인양되었다. 풀뿌리 민주주의의 쾌거였다!

여기서 나는 질문 하나를 던진다. 과연 박근혜 구속과 문재인 대통령의 선출로 촛불혁명은 완수되는 것인가? 그 대답은 '아니올시다'다. 물론 지금까지 우리가 해온 일은 대단하다. 촛불시민의 승리이며, 촛불혁명의 시작이다. 그러나 그것이 단지 새 대통령 선출로 끝나선 곤란하다. 왜 그런가?

앞서 말했듯, 우리는 이번에 그동안 '재벌-국가 복합체'의 부패 네트워크가 한국사회를 얼마나 단단히 지배해왔는지 똑똑히 알게 되었다. 삼성 재벌 3세 이재용의 구속(2017.2.17)은 그 상징적 사건이었다. 물론 아직 드러나지 않은 부분도 많다. 어떤 사람은 지금까지 드러난 것을 두고 '빙산의 일각'이라 한다. 나도 동의한다. 그래서 말한다. 2016년 11월 말에서 2017년 2월 말까지 연말연시에 걸쳐 약 90일간 활약했던 '특검'과 같은 활동이 1년 내내 계속되어야 한다. 아니면 아예 '공직자비리수사처(공수처)'를 상설화해 옛날의 암행어사 같은 제도를 부활해야 한다. 그리고 세월호 보도 때와 같은 '기레기' 언론들을 죄다 청소하고 적어도 투철한 기자 정신을 가진 언론들을 왕성하게 키워야 한다.

그러면서도 나는 다른 한편으로, 이른바 '태극기 집회'에 나와 울부짖던 사람들을 떠올린다. 국회의원이나 변호사도 있었고, 특수부대 출신의 군 경력자들도 많았으며, 연세 있는 노인들과 기세 당당한 여성들도 많았다. 물론 젊은 청년도 있었다. 사실 그들도 대부분 우리의 이웃이다. 그러나 알고 보면, 이들은 이웃사촌처럼 친밀한 관계를 맺기 어려운 이들이다.

우선 이들은 많은 경우 전경련이나 청와대에서 모종의 지원금을 받고 나왔다. 지난 몇 년 동안 약 70억 원의 돈이 지원되었다는 증거도 나왔다. 실은 그보다 훨씬 많을 것이다. 실제 그런 '관제' 데모(어용 집회)에 일당 몇만 원에서 십수만 원까지 지급되던 현장이 언론에 포착되기도 했다. 더는 사실을 속이긴 어렵다.

반면 촛불 시민들은 개인이나 시민단체가 민주적으로 회의를 하여 분담금을 내고 촛불 현장에서 자발적인 모금운동을 벌여 촛불 집회 또는 촛불 문화제를 이끌었다. 가장 감동적인 일은 박근혜퇴진국민행동본부가 약 1억 원의 빚을 졌다고 공개적으로 알렸을 때, 수많은 사람이 돈을 내서 단 사흘 만에 무려 8억 원 이상을 모은 사실이다. 이것이 민중의 힘, 즉 참된 민주주의다!

그런데 문제는 태극기-성조기 집회에 모인 사람들이 단지 돈 때문만은 아니란 점이다. 그들에게도 나름의 가치관이 있다. 그것은 '이 나라가 어떤 나라인데……'라는 심층적 정서 때문이다. 과연 그들에게 이 나라는 어떤 나라인가? 이 나라는 한국전쟁을 치르며 미국의 도움으로 북한이나 중국의 위협에서 지켜낸 나라다. 또 이 나라는 미국의 도움으로 절대 빈곤을 벗어난 나라이며, 박정희의 지도력으로 먹고살 만큼 번영한 나라다. 그러니 그 딸 박근혜의 대한민국은 은혜로운 나라이며, 박근혜 역시 은혜로운 사람이자 보호해주어야 할 사람이다. 바로 이것이 그들의 심층 정서다.

이를 어찌할 것인가? 누차 보았듯이 나는 이들과 대화나 토론으로 문제를 풀 수 있다고 보진 않는다. 이미 권력이나 자본을 공고히 내면화한 나머지 '콘크리트'처럼 굳은 생각을 갖고 있기 때문이다. 해답은 세월밖에 없다. 따라서 오히려 우리 촛불 시민 스스로 줏대를 바로 세워야 한다. 참 민주주의를 위해 우리에겐 어떤 가치 기준이 필요할까?

첫째, 우리와 후손들이 제대로 살아가려면 한반도에서 군사 전쟁은 절대 반대다. 한반도 비핵화는 반드시 이뤄내야 한다. 따라서 정전협정을 평화협정으로 바꿔야 하고, 남북한 모두 군사비 지출을 줄여 복지나 교육 공공성을 위해 써야 한다.

둘째, 미국은 절대 우리를 위해 일하지 않는다. 미국은 그들의 국익, 그리고 동아시아에서 전략적 고려에 따라 행동한다.

셋째, 대통령의 지도력도 중요하지만, 그것이 일반 국민 또는 시민들과 호흡을 같이할 때 진정한 빛이 난다. 농민이나 노동자, 여성과 노인, 아이들을 희생시킨 위에 이뤄진 경제발전, 또 재벌을 옹호하고 부패와 독재를 지속하는 지도력은 반反민주다. 따라서 빌 어거스트 감독의 〈리스본행 야간열차〉에 나오는 양심적 지식인이자 의사 아마데우 프라두의 묘비명처럼 "독재가 현실이면 혁명은 의무"다. 민주 시민의 정신이란 이런 것이다.

넷째, '경제가 정의보다 중요하다'라거나 '정의가 밥 먹여 주냐?'라는 말이 있는데, 그런 말은 결국 자본의 관점에서 나온다. 사회 정의가 바로 서지 않으면 경제가 아무리 발전해도 헛것이다. 정의로운 사회가 밥 먹여준다. 유럽의 복지 사회를 보라. 완벽하진 않지만, 유럽 복지 사회는 사람을 존중한다. 외국인 유학생에게도 대학 등록금을 면제해주고, 어린아이 기저귀 값을 보조해주며, 월세 보조금도 준다. 노인들은 최저 생계가 가능하게 일정한 생활비를 받으며, 병원은 물론 각종 공공시설에서 여러 편의를 제공받는다. 이게 나라다.

사실 재벌이 막대한 돈을 벌어 자기들끼리 나눠 먹거나 최순실 같은 이들에게 갖다 바치는 일을 모두 그만둔다면, 그리하여 민중의 땀과 피, 눈물의 결실이 바로 민중에게 돌아온다면, 우리도 얼마든지 복지 사회를 만들 수 있다. 그래서 더 나은 대통령이나 국회의원만 뽑고 끝날 일이 아니라 '재벌-국가 복합체' 중심의 잘못된 구조를 타파해 삶의 모든 공간에서 민주주의와 삶의 질을 드높이는 새 시스템을 만들어야 한다. 그래야 비로소 우리는 2016~2017년의 촛불혁명을 더 높은 단계로 완수할 수 있으며, 후손들에게 진정 살기 좋은 나라를 물려줄 수 있다.

제4장

생동성의 가치

상대적 박탈감과 절대적 억울함을 넘어

"기회는 평등할 것입니다. 과정은 공정할 것입니다. 결과는 정의로울 것입니다." 2017년 5월, 문재인 대통령의 취임사이자 새 정부의 국정 철학이다. 이미 3년 차에 들어선 지금, 과연 우리는 이 약속을 어떻게 볼 것인가?

자유한국당 소속 권성동·염동열 의원이 공기업인 강원랜드 채용 청탁 및 수사 외압 의혹을 받았다. 공기업만이 아니었다. 은행권도 채용 비리로 행장을 포함, 수십 명이 구속·기소되었다. 높은 분, 힘센 분, 가진 분의 전화 한 통화에 합격한 이가 있는가 하면, 아무 '빽' 없던 수많은 취준생은 오로지 '노오력'에 '노오력'을 거듭해 낙타가 바늘구멍 들어가듯 했다. 더 많은 이가 거듭 탈락했다. 지금도 기회는 결코 평등하지 않다.

과정은 어떤가? "(힘겹게 취업한) 회사에 대한 자부심을 갖고 살았는데, 2017년 12월, 갑자기 회사 측이 비정규직(무기계약직)을 1,250명이나 정규직으로 전환했거든요. (무시험으로) 그냥 면접만으로. 그게 저희는 억울한 거죠." 공기업인 서울교통공사에서 일하는 정규직의 한탄이다. 그에게 기회와 과정은 불공정했다. 그래서 몹시도 억울하다.

비슷한 방식으로 기간제 교사를 정규직으로 전환하려던 정부의 노력은 2017년 여름, 정규직 교사나 임용고시 준비생의 반발로 무산됐다. "지금도 노량진 고시촌에서, 도서관에서 불철주야 공부하는 고시생들에게 박탈감을 주는 어이없는 정책입니다. 교사가 되고 싶다면 임용시험을 보면 됩니다. 모두에게 공정한 시험을 말입니다." 더불어민주당 '을지로위원회'에 올랐던 '기간제 교사 및 강사의 정규직화를 반대합니다'라는 호소문이다.

이러니 새 정부가 '비정규직의 정규직화'를 내세우는 것은 매우 불편할 뿐 아니라 마음 깊은 곳에 분노만 키울 뿐이다. 부자나 권력자들이 누리는 어마어마한 기득권에 대해 일반인들이 느끼는 것과는 좀 다른 결의 '상대적 박탈감'이다. 이들의 마음은 이렇다. 나는 엄청 고생해서 합격했는데, 저들은 '공짜로' 정규직이 되니, 고생했던 나만 억울하고 분하고 불쌍하다. 이런 피해 의식은 20대 청년들에게서도 광범위하게 발견된다. 오찬호 선생의 『우리는 차별에 찬성합니다』에도 여러 사례를 통해 증명되듯, 불안과 두려움이 이들의 마음을 지배한다. 그리하여 차별의 피해자들이 차별의 가해자로 둔갑하는 역설이 일어난다.

결과의 정의로움 역시 아직 갈 길이 멀다. 2018년 12월 10일, 24살의 비정규직 노동자 김용균 씨가 태안화력발전소에서 석탄을 옮기다 컨베이어벨트에 끼여 생명을 잃었다. 그 어머니는 "성실히, 열심히 일하라고 했는데 그 결과가 죽음"이라며 "내가 아들을 죽였다"고 절규했다. 약 7년 전, 삼성전자 LCD 공장에서 일하던 26살 김주현 씨는 화학약품 공정에서 피부병까지 얻어 우울증에 빠진 뒤 끝내 투신자살했다. 그 아버지는 "삼성에 입사한 아들이 자랑스러웠다. 그래서 '힘들다'고 울며 이야기하는 아들에게 '조금만 더 참아라, 좋아지겠지'라는 말만 했다"며 결국 "삼성이라는 두 글자에 속아 제가 아들을 죽음으로 내몬 것만 같다"고 했다. 사회 전반의 자산·소득 불평등 못지않게, 참고 견디며 열심히 일한 결과가 우울과 죽음이라면 이 또한 정의가 아니다. 오죽하면 2015년 408일 굴뚝농성에 이어 파인텍 노동자들이 2018년 연말에 또 신기록(426일)을 낼 정도로 더위와 추위를 견뎌내며 저항했을까?

이런 면에서 우리는 '헬조선'에서 벗어나지 못했다. 기회는 불평등하고, 과정은 불공정하며, 결과도 정의롭지 못하다. 이 현실을 어쩌나? 과연 정부가 '노~력'을 더 많이 하기만 하면 기회도 평등해지고 과정은 공정해지며, 결과는 정의로워질까? 만일 민주당이 아니라 정의당 같은 진보 정당이 집권하면 그것이 가능해질까? 나는 우리가 가진 평등·공정·정의의 개념 자체가 근본적으로 전환되지 않으면 같은 오류가 반복되리라 본다.

미국의 문화인류학자 크리스토퍼 보엠은 『숲속의 평등』에서 세계 각지의 초기 인류(수렵채집인과 부족민)가 정교한 평등주의 문화를 창조함으로써 집단 생존과 진화를 해왔다고 한다. 인간 집단 내 위계의 발생 자체는 불가피하더라도 우상숭배, 탐욕, 이기주의, 탈법자, 권력자 등의 부상을 아래로부터 감시·견제함으로써 공생의 문화를 실현한 것이다. 지금도 인도네시아 라말레나 마을은 고래잡이에 참여한 모든 이가 그 결실을 고루 나눔으로써 특정인이 독과점하는 것을 처음부터 예방한다. 행운이건 능력이건 골고루 나눌 때 공동체는 지속할 수 있다. 고미숙 고전평론가가 『조선에서 백수로 살기』에서 말하듯, 독점이 아니라 공유, 축적이 아니라 순환을 해야 그 공동체가 돈맥경화(부의 흐름이 막히는 상태)를 예방하고 우애를 북돋는다. 이런 공동체야말로 풀뿌리가 마음 편하게 살 수 있는 참 민주주의 아닐까?

나아가 이런 공유와 선물, 순환과 나눔의 문화를 온 사회가 새로 만들 때 앞서 말한 상대적 박탈감이나 절대적 억울함, 즉 인간적 소외도 사라진다. 왜냐하면 상대적 박탈감이란 타자와 공존이 아니라 비교나 경쟁에서 비롯되며, 절대적 억울함 역시 자기 존재가 충분히 인정받지 못한다는 느낌에서 나오기 때문이다.

그러나 우리에게 진정 새 문화가 필요한 까닭은 이 심리적 상처 때문이 아니라, 바로 그 메커니즘 속에서 을과 을, 병과 병이 상호 분열·경쟁하는 가운데, 궁극적으로는 갑(자본)의 전일적 지배를 영속화하기 때문이다.

이범연 선생의 『위장 취업자에서 늙은 노동자로 어언 30년』이란 책에는 '두 개의 균열' 이야기가 나온다. 자본과 노동의 균열이 하나라면 그 둘은 노동 내부의 균열, 즉 정규직과 비정규직의 균열이다. 중요한 건, 우리가 미시적인 노동 내부의 균열에 초점을 맞추어 일종의 '정규직 물신주의'에 빠진 나머지, 거시적인 균열 구조인 자본의 사회 지배를 직시하지 못하는 것이다. 원래 마르크스가 『자본』에서 제시한 '물신주의Fetishism'란 원시 토템처럼 특정 물건을 신으로 여기는 것, 그리하여 사람과 사람 간 관계인 인간관계가 사물 간 관계로 나타나는 것이다(고병권, 『화폐라는 짐승』). 여기서 사물관계란 결국 상품, 화폐, 자본이다. 『풍요의 조건』을 쓴 자라 바겐크네히트에 따르면, 오늘날은 금융이 곧 물신이다. 이 모두를 내 나름대로 표현하자면, 따뜻한 인정人情이 차가운 계산計算으로 바뀐 것이 곧 물신주의다.

따라서 우리가 강조하는 공정성조차 자본의 가치를 넘어서 사고해야만 제대로 달성할 수 있다. 요컨대 상품·화폐·자본 가치를 넘어선 위에서 추구되는 평등·공정·정의의 길만이 인간성 소외를 올바로 극복하고 사람 사는 세상을 열 것이다. 아프지만, 이것이 진실이다!

성장과 고용 아니면 죽음인가?
성장 패러다임을 넘어가야

2018년 가을바람이 솔솔 불기 시작하던 무렵, 통계청 통계가 온 사회를 뜨겁게 달구었다. 2017년 7월의 취업자 증가 폭 31만 4,000명에 비해 2018년 7월의 증가 폭이 5,000명에 그쳤기 때문이다. 게다가 하위 20%의 근로소득은 감소했지만, 상위 20%는 증가해 소득 '5분위 배율', 즉 하위 20% 평균보다 상위 20%의 상대적 크기가 5.23배로 나타났다. 이런저런 통계학적 논란에도 불구하고, 현실은 엄중하고 결코 만만치 않다.

이에 보수 야당·언론은 "문 정부의 실패"라며 '고용 쇼크' 내지 '고용 참사'란 말까지 창조해내며 공세를 퍼부었다. 또 이들은 근로소득 격차를 소득주도 성장의 실패라며,

기존의 재벌 대기업을 중심으로 하는 이윤주도 성장이 대안이라며 재벌체제를 옹호하고 나섰다.

진정성을 기반으로 한 청년 실업 문제나 민생 전반의 개선을 위한 진지한 고뇌는 없고, 상대방의 정책 실패를 자기 정책의 올바름을 증명하는 것처럼 아전인수 격으로 해석한다. 당연히도 현재 시점에서 대안으로 내세우는 내용이 이미 낡아빠진 것으로 드러난, 재벌주도, 수출지향, 성장중심 정책으로의 회귀다. 거의 맹목적 공세 일변도다. 왜 맹목盲目인가?

우선 노동시장 상황을 살피면서 성패를 따질 때, 월별 취업자 증가율이 결정적인 건 아니다. 굳이 보자면 15세 이상 인구 중 취업자의 비율, 즉 고용률이 중요하다. 이는 10년 전이나 지금이나 60% 내외를 보인다. 오히려 약간 늘었다. 그럼에도 '고용 쇼크'란 공격적 말을 남발함으로써 상황을 호도하는 꼴이 오히려 쇼크다.

그러나 상품·화폐·자본의 물신성을 비판하는 시각에서 보자면, 고용률이 높아지는 것조차 반드시 바람직한 일은 아니다. 물신성을 지양하지 않는 한 고용률이건 실업률이건 그 변동과 무관하게 우리의 삶은 임금노예에 불과하기 때문이다.

또 근로소득 격차는, 오래 누적된 차별 구조와 비정규

직 확대의 결과다. 특히 1997년 IMF 경제위기 이후 강행된 신자유주의 구조조정이 사태를 체계적으로 악화시켰다. 더 중요한 건, 전 사회적으로 10%의 특권층이 90%의 자원(돈, 땅, 집, 힘)을 독점하는 현실이다. 90%의 민초는 나머지 10%의 자원을 두고 다툴 뿐이다. 90%는 '최저 시급 1만 원'에 생사를 걸지만, 10%의 특권층은 "한진 조양호 회장, 시급 607만 원"이나 "삼성 이재용 부회장, 1,160억 원 배당금"이 상징하듯, 돈 잔치를 벌이기에 바쁘다. 결국 진짜 분노할 대상은 '10 대 90 사회'와 그 내부자들이다. 위에 나온 소득격차는 바로 이런 구조적 문제로 인한 90% 내부의 경쟁일 뿐이다. 이것이 사태의 본질임에도 보수 집단들은 엉터리 논리와 비본질적인 공세로 상대방을 물고 늘어진다. 과연 선거 때마다 대중 앞에서 무릎까지 꿇고, "잘못했습니다", "반성합니다", "새로워지겠습니다"라고 했던 그 모습은 어디로 가고 억지 논리만 남았는가?

이 '고용 쇼크' 논란에 2018년 8월 27일 JTBC는 여야 의원의 '긴급대토론'을 열어 출구를 모색했으나 결국은 '역시나'였다. 그해 8월 30일, 문재인 대통령은 일자리가 "국가적으로 가장 시급"하다며 17개 시·도지사를 청와대로 초청, '일자리 간담회'까지 열었다. 중앙정부가 아닌 지자체 주도의 일자리 창출로 '패러다임 전환'을 하자고 합의하기도 했다.

2016~2017년의 추운 겨울, 무수한 시민과 거듭 촛불집회에 참여했던 나 역시 '촛불혁명'으로 탄생한 문재인 정부의 성공을 빈다. 그러나 소망만으로 성공하는 건 아니기에, 사태의 본질을 거듭 살피고 살펴야 한다. 더구나 진정한 '패러다임 전환'을 위해선 우리의 논의를 몇 걸음 더 심화해야 한다.

먼저 고용·소득·성장 등의 문제는 결코 1~2년의 단기 처방으로 해결되지 않는다. 예컨대 한국 경제의 최고조기(1980년대 후반에서 1990년대 전반)를 보자. 당시는 임금, 고용, 성장, 수출 등 모두 좋았다. 하지만 당시는 전두환, 노태우, 김영삼 등 군사정부 내지 문민독재였다. 무지·무능한 정부라는 국내 요인에도 불구하고, 지표가 좋았던 건 '3저 호황'(저유가, 저달러, 저금리), 즉 당시 세계 경제의 여건 때문이었다. 더 중요한 이유는 국내건 해외건 당시에는 '아직' 경제 팽창의 여지가 있었다는 점이다. 요컨대 국내에선 노동 효율 향상과 내수시장 확대, 해외에선 세계경영 구축과 신흥시장 개척이 한동안 가능하던 때였다. 그러나 2020년을 코앞에 둔 지금, 이젠 이미 포화·수축기에 접어들었다. 한마디로 고성장 잔치는 끝났다! 우리가 아무리 부인해도, 이미 이는 세계적 경향이다. 벌써 20여 년 전 『세계화의 덫』이란 책에서도 '고용 없는 성장'이 경고되지 않았던가. 우리는 늘 선각자들의 통찰력 있는 예측이나 전망을 무시하거나 부정한다. 그리곤 최종적인 파국이 닥칠 때까지 '설마, 설마' 한다. 막상 파국이 와야 다급하게 '위기'라며 엉터리 임기응변으로 대응하고 만다. 편법과 탈법이 난무하고 억지로 약간의 시간을 버티면서, 또 다음의 위기를 기다린다. 늘 이런 식이다. 그러니 사태의 본질을 꿰뚫고 참된 대안을 만들어가는 역량은 심각히 훼손된다.

둘째, 세계적 저성장이라는 '현실'의 의미는 무엇일까? 결론부터 말하면, 이제 그만 성장해도 좋을 정도로, 아니 그만해야 할 정도로 그간 충분히 생산했다는 이야기다. 사실은 그동안 (너무) 충분히 파괴했다. 지난 경제성장 기간에 '무한대' 패러다임을 따랐다면, 이제는 완전히 다른 패러다임으로 도약할 때다. 즉 '충분함'의 패러다임을 열어갈 때가 왔다.

셋째, '충분함'의 패러다임으로 정부 정책들을 보면 우리가 갈 길은 멀다. 달리 말해, (민주당식) 소득주도 성장이건 (기존 극보수의) 이윤주도 성장이건, 나아가 (매우 황당한) '출산주도 성장'이건 모두 성장 중독증에 빠져 있는 것이 문제다. 이 성장 중독증의 위험성은, 한편으로 지구 자체가 자원고갈이나 이상 기후 등 이미 한계에 이르렀다는 데에, 다른 편으로 우리가 경제성장 외 다른 대안을 상상할 수 없을 정도로 마비되었다는 데에 있다. 그간 성장 시대를 뒷받침했던 '낡은 사고와 제도'는 이제 더 이상 효과가 없다. 이를 직시 않고 계속 부인하면 결국 '집단 자멸'이 온다(김종철, 『발언 I』, 241쪽). 마치 알코올 중독자가 의사나 주변의 경고를 거듭 무시하고 계속 술에 절어 살다가 어느 날 갑자기 일어나지 못하게 되는 꼴과 같다. 과연 우리 사회도 집단적으로 그렇게 되기를 바라는가?

그러나 진정한 패러다임 전환은 결코 단기 처방으로는 안 된다. '충분함'의 패러다임으로 전환하기 위한 '5개년 계획'을 세우고 1차부터 10차까지 실시해나가도 될까 말까다. 공멸은 마치 최근 경험했던 폭우 사태나 싱크홀 사태처럼 '입이 딱 벌어지게' 갑자기 닥쳐온다. 이미 늦은 감이 있지만, 그래도 '가만히 있으면' 더 빨리 침몰한다. 덴마크처럼 다양한 '시민합의회의'를 활성화하고, 정권과 관계없이 꾸준히 숙의 민주주의를 확대해가야 희망이 생긴다. '국정철학위원회'도 가동하여 대한민국이라는 큰 배가 제대로 항해하는지 항상 근본적으로 성찰할 필요가 있다.

'고용(성장) 아니면 죽음'이라는 이분법 속에 빠진 성장 중독증 또는 일중독 사회의 패러다임을 넘어 참된 패러다임 변화를 위해, (90%의 민초는 물론) 대통령과 청와대, 의원과 장관들도 앞에 소개한 『발언 Ⅰ·Ⅱ』 같은 책을 읽고, 또

매월 《녹색평론》 모임에서 '열린 대화'에 진지하게 참여하는 상상을 해본다. 『우리들의 하느님』 속 권정생 선생의 말대로, "우직한 삶이야말로 가장 슬기로운 삶"이 아닌가 싶어서다. 민주주의는 그렇게 천천히, 그러나 쉬지 않고 가는 운동이다.

동물과 민주주의

"아소 장관은 '창씨개명은 조선인이 희망했다'는 망언을 한 바 있습니다. 도대체 우리들은 언제까지 이런 자의 헛소리를 들어야 하는 걸까요? 여기서 자者는 놈 자者 자입니다." 손석희 기자가 2005년 5월, MBC 라디오 〈손석희의 시선집중〉에서 일본 총무성 장관 아소 다로의 망언에 대해 한 말이다.

그리고 12년이 훌쩍 지난 2017년 7월, 그는 JTBC 〈뉴스룸〉 '앵커 브리핑'에서 동일한 말을 한다. "우리는 언제까지 이런 자들의 망언을 듣고 있어야 하는가? 여기서 '자'자字는 '놈 자者'자입니다."

분노가 섞인 이 발언의 계기는 "국민들이 레밍(나그네쥐)

같다"라고 한 충북도의회 K의원이었다. 그는 2017년 7월 중순경 국지성 호우가 청주 지역을 물바다로 만든 와중에 동료들과 '물의 도시' 베네치아 등으로 유럽 출장을 떠났다가, 시민들의 분노와 질타가 들끓자 조기 귀국하게 된 억울함에 국민을 레밍 쥐로 비유했다. 그보다 1년 전에는 교육부 고위 관료가 "민중은 개·돼지"라고 했다가 그야말로 민중의 분노와 저항 앞에 파면당하는 일도 있었다.

따지고 보면, 한국인이 동물에 비유된 역사는 제법 길다. 그 원조는 1894년 일본 우파 지식인이자 『문명론의 개략』의 저자 후쿠자와 유키치(1835~1901)다. 그는 "조선 인민은 소·말, 돼지·개"라 하며 '탈아입구' 즉 아시아를 탈피하여 유럽 선진국으로 들어가려는 야욕을 가진 일본 제국주의의 침탈과 억압을 정당화했다. 1980년 8월, 존 위컴 주한미군 사령관 역시 "한국민은 들쥐와 같아서 누가 지도자가 되어도 잘 따를 것"이라고 했다. 1980년 5월 광주항쟁 이후 (박정희를 이은) 전두환 신군부의 독재가 시작될 때였다. 그리고 2010년 8월, 조현오 경찰청장 내정자는 "천안함 유족들이 동물(소·돼지)처럼 울부짖고……"라고 했다. 같은 맥락에서 2016년 7월, 당시 교육부 나향욱 정책기획관은 "민중은 개·돼지처럼 취급하고 먹고살게만 해주면 된다"고 했다.

그리고 2017년 7월, 충북도의회 K의원이 "세월호부터도 그렇고, 국민들이 이상한 레밍 같다는 생각이 드네요. 집단 행동하는 설치류 있잖아요"라고 했다. 흥미롭게도 그는 박근혜의 헌재 탄핵 판결 직전인 2017년 2월, 친박 태극기 집회에서 "대한민국 국회에 250마리의 위험한 ○○○들이 있습니다. 이 미친 광견병들이 떠돌고 있습니다. 미친개들은 사살해야 합니다"라고 했다.

여기서 사태의 본질에 접근하려면 이렇게 말한 자者들에 대한 일차적 분노를 넘어가야 한다. 우리가 열망하는 민주주의를 더 진전시킬 필요 때문이다.

첫째, 경찰청장이건 고위 관료건, 이른바 '지도층'이란 자들이 시민 또는 국민을 동물로 비유하고 대상화하는 것은, 바른미래당 이언주 의원의 "밥하는 아줌마" 발언과 마찬가지로, 민주주의와 거리가 한참 멀다는 점이다. 영화 〈미션〉에 나오듯 16세기 이래 서양 제국주의가 '미개' 사회를 침탈할 때도, 또 그를 '잽싸게' 본받은 일본의 조선 침략 때도, 사람을 짐승으로 취급하며 무시했다. 민주주의란 사람을 '모시는' 시스템이지 경멸하고 지배하는 것이 아니다. 2000년 아셈 회의 때 본국에서 자기 다리미를 들고 와 손수 옷을 다려 입은 핀란드의 할로넨 대통령이나, 친구에게 받은 경제적 도움 때문에 국민 여론이 악화하자 2012년 사임한 불프 독일 대통령처럼, 국민을 무서워해야 민주주의가

진일보한다.

둘째, 1980년의 주한미군 사령관부터 2017년의 지방 의원에 이르기까지 국민을 동물로 비유하는 잘못된 '전통'이 지속하는 것은 역설적으로 우리 사회 전반에 성찰력이 부족함을 암시한다. 『민주주의의 삶과 죽음』을 쓴 존 킨John Keane 호주 시드니대학교 교수는 "민주주의에 대한 진정한 위협은 민주주의의 수호자를 자처하는 국가들의 오만"이라며, "미국식 민주주의를 표준이라 봐선 안 된다"고 했다. 이를 확장하면, 대통령이나 고위 관료, 경영자 등 '높은' 자들의 생각이 민주주의라 믿는 오만이야말로 가장 반민주적이다. 민주주의는 비록 시간이 걸려도 풀뿌리 민초가 시끌벅적한 토론과 성찰로 빚어내는 '아래로부터의' 과정이어야 한다. 달리 말해, 풀뿌리 민초가 스스로 깨어나고 수평적으로 연대함으로써 오만한 정치가들이 함부로 입을 놀리지 못하는 사회적 분위기를 만들어가야 한다.

셋째, 개나 소, 레밍과 같은 동물 또한 사람과 같은 생명체란 점이다. 민주주의란 모든 생명이 함께 사는 체제다. 마치 우리가 성별, 나이, 고향, 경험, 직업, 학력, 수입, 재산, 외모 등이 모두 달라도 더불어 살아야 하듯, 동물도 인간과 함께 살아야 한다. 조류인플루엔자가 발생했다고 닭과 오리를 대량 학살하는 일은, 나치 집단의 수백만 홀로코스트와 다르지 않다. 경청하고 섬겨야 할 국민을 동물 취급하는 일 역시 이런 대량 학살의 전 단계다. 모든 생명체를 존중하는 것이 민주주의의 기초다. 게다가 개나 소, 돼지, 레밍 등은 탐욕스러운 정치가처럼 부정부패하지 않으며, 거짓말도 하지 않는다. 진정 사람이고 인격체라면 말도 안 되는 헛소리를 반복할 일이 아니라 가까운 동물들로부터 삶(생명)의 이치를 한 수 배울 일이다. 『레미제라블』(1862)과 『파리의 노트르담』(1831)을 쓴 빅토르 위고의 명언, "무지가 사라질 때, 비로소 자유가 시작된다"는 말(목수정, 『칼리의 프랑스학교 이야기』)은 여기서도 시사적이다.

병든 시스템과 '살충제 달걀'

기차를 타고 가다 문득 달걀에 얽힌 추억을 떠올린다. 1970년대 중반, 중학 시절에 처음 서울행 기차를 탔는데, 내 가방에는 어머니가 챙겨주신 삶은 달걀이 있었다. 당시 달동네에 있던 우리 집은 스무 평 남짓했지만, 그나마 헛간에 작은 닭장이 있었다. 닭은 열 마리 안쪽이었다. 닭 모이는 쌀겨나 청치였다. 가끔 아버지는 몸보신하자며 키우던 닭을 잡기도 했다. 그런 닭이 낳은 달걀을 기차간에서 먹는 재미가 쏠쏠했다. 당시 기차 안 여기저기서 사람들이 삶은 달걀을 까먹던 풍경은 낯설지 않았다. 이제는 모두 달걀 대신 휴대폰을 즐기고 있다.

그런 달걀을 전문가들은 완전식품이라 했다. 단백질이 풍부하고 비타민과 무기질 등 신체에 필요한 필수 아미노산을 두루 갖추었다는 뜻이다. 당연히 건강에도 좋다는 이야기다. 적어도 그 당시는 그랬다. 그런 걸 서로 나눠 먹으며 이야기 꽃을 피웠으니 달걀은 인간관계 형성에도 한몫했다.

그런데 요즘은 어떤가? 무려 1,000명 이상의 목숨을 앗아간 가습기 살균제에 이어 2017년 여름, 살충제 달걀이 사회적 논란거리가 되며 온 사회에 충격을 주었다.

무엇이 문제인가? 닭에 붙은 이나 진드기를 죽이려 마구 뿌린 살충제가 달걀에서도 나온다는 게 문제다. 이걸 늘 먹는다면 당연히 사람의 건강도 손상된다. 그런 줄도 모르고 많은 사람이 꾸준히 달걀을 먹었다. 어디 달걀 그 자체뿐인가? 달걀은 토스트나 빵에 필수로 들어가고, 냉면, 비빔밥, 순두부찌개, 부침개, 만두 등 식당 메뉴에 대부분 들어간다. 충격과 파문이 클 수밖에 없는 이유다.

더 놀라운 건 이른바 '친환경' 표시가 있는 달걀조차 알고 보니 '살충제 달걀'이었다는 점이다. 문제가 된 친환경 농가 37곳 중 25곳(68%)이 속칭 '농피아' 업체에서 인증을 받았다. 세월호 참사와 마찬가지로 부패한 공무원들이 또 문제다. 세월호 뒤에 양우공제회라는 국정원 퇴직자들의 사업체가 있었던 것처럼, 살충제 달걀 뒤엔 국립농산물품질관리원 퇴직자들의 민간 인증기관이 숨어 있었다. 곳곳에 적폐는 무수하고 청산은 힘겹다. 모두 사람이 해야 하는 일이기 때문이다.

그러나 이번 사태를 살충제 농가나 부패 공무원만의 문제로 국한해선 안 된다. 그렇게 되면 또 다음엔 간염 소시지, 항생제 물고기, 성장촉진제 과일, 농약 배추 등이 줄줄이 기다릴 것이다. 물론 사태 때마다 진상규명과 실효성 있는 대책이 절실하나, 더 중요한 건 그 근원을 살피는 일이다. 결론적으로 이런 사태의 근원은 (돈벌이를 위한) '대량생산-대량소비 시스템'이다. 그리고 이 병든 시스템을 지탱하는 건 바로 우리 자신이다. 우리 자신, 즉 보통사람들 역시 특권층 못지않게 '대량생산-대량소비-대량폐기'라는 죽임의 패러다임을 당연시하며 살아간다. 할 수만 있다면 특권층처럼 살고 싶어 하는 게 보통의 가치관이다.

박병상 박사의 『어쩌면 가장 중요한 이야기』에는 미국령 푸에르토리코에서 불과 세 살배기 여아가 생리를 했다는 이야기가 나온다. '성조숙증'이다. 부모가 아이를 위해 몸에 좋다는 달걀을 매일 먹인 탓이다. 담당 의사는 그 달걀에 여성호르몬이 과하게 들어 있었다고 했다. 미국의 공장식 양계장에서 이른 시간 안에 더 많은 달걀을 생산하려고 닭 모이에다 여성호르몬을 넣은 결과다. 우리나라 달걀도 그렇지 않다고 장담하긴 어렵다.

자본은 더 빨리 더 많이 돈을 벌려 한다. 생산성이 경쟁력의 핵심이다. 공장식 축산에서는 수백, 수천마리의 닭, 오리, 소, 돼지 등이 사육된다. 좁은 공간에 많은 동물이 갇혔으니 몸을 움직일 수도 없다. 병에 취약하니 사육사가 항생제를 주고, 몸집을 빨리 키우려 성장촉진제도 준다. 파리나 벌레 때문에 살충제도 뿌린다. 사료도 싸구려다. 그 덕에 자본주의는 부자만이 아니라 일반 대중도 고기나 달걀을 실컷 먹게 하는 성과를 낸다. 대량생산과 대량소비가 잘 맞물리는 지점이다. 그러나 과연 양이 질까지 보장할까?

육류나 달걀을 대량 소비하면서 우리는 동물과 인간의 관계에 대한 감각을 상실했다. 집단 불감증이다. 『동물 홀로코스트』를 쓴 찰스 패터슨은 오늘날 인간이 소나 돼지, 닭이나 오리 등을 대량 사육하고 대량 도살하는 건 마치 나치 시절의 대량 학살과 다름없다고 했다. 그 옛날 서양인들의 '지리상의 발견'이나 선진국 자본의 식민지 개척 때, 세계 곳곳 원주민들을 한갓 가축이나 야생동물로 여기며 노예화한 것과 같은 이치다. 즉 우리가 육류나 달걀을 대량 생산, 대량 소비하는 이면엔 동물을 '함부로' 대해도 된다는 태도가 깃들어 있다. 이는 또한 우리가 우리 자신마저 함부로 대하는 중독자의 행위다. 살충제 달걀은 그 한 결과

일 뿐이다. 결국 대량생산-대량소비는 '대량살생-대량중독'과 연결된다. 『조화로운 삶』의 니어링 부부처럼 '달걀을 먹는 것은 닭을 착취하는 것'이라 보고 절대로 집에서 닭을 키우지 않았던 수준은 아닐지라도, 우리가 지금보다 조금 더 건강하게 사는 길을 진지하게 모색해 나갈 때다. 민주적인 토론 문화가 더욱 절실한 까닭이다.

시간의 두 결,
시간은 자본이 아니라 생명이다

하루 24시간. 1년 365일. 모든 사람에게 주어진 공평한 시간이다. 오늘날 우리는 평균 80년 산다. 물론 최근 서울 지하철 스크린도어 노동자나 공고 실습생처럼 10대에 억울하게 죽어가는 친구도 많고, 90세나 100세를 넘기며 장수하는 노인도 많다. 그러나 일단 살아 있는 모든 이에게 하루 24시간은 동일하다.

그렇다면, 모든 사람에게 시간이 다 같은가? 다르다. 시간의 결이 다르다. 우리가 경험하는 시간에는 크게 두 가지 결이 있다. 하나는 돈의 시간이고 다른 하나는 삶의 시간이다. 이 삶의 시간을 우리 스스로 자유롭게 쓰는 것이 곧 '시간 민주주의'다.

"시간은 돈이다Time is money!" 벤저민 프랭클린(1706~1790)의 말이다. 그는 누구인가? 1776년 미국 독립선언문을 작성한 이다. 그는 또한 미국 철학협회를 창립했고 영국 로열 소사이어티(왕립협회) 회원이기도 했다. 정치가이자 발명가이기도 했으며 사상가였다. 프랭클린의 사상은 미국 건국 초기부터 오늘날까지 수많은 사람이 '실용주의적'으로 살아가는 데 영향을 주었다.

그는 만 20세이던 1726년에 13개 덕목을 자신의 좌우명으로 삼고 평생에 걸쳐 실천하려 노력했다. 그중 한 덕목이 근면Industry이다. 더욱 구체적으로 그것은, 시간을 허비하지 말 것Lose no time, 한 시도 쉬지 말고 뭔가 쓸모 있는 일을 할 것Be always employed in something useful, 모든 불필요한 행위를 과감히 그만둘 것Cut off all unnecessary actions 등을 뜻하는 것으로 되어 있다.

같은 맥락에서 만 40세에 쓴 「어느 젊은 상인에게 주는 충고」라는 글에서 "시간은 돈이다"라는 명언(?)을 남겼다. "시간이 돈임을 명심하라. 온종일 일해서 10실링을 벌 수 있는 사람이 있다고 치자. 만일 그가 한나절 동안 밖에서 놀거나 그냥 빈둥거리며 시간을 보낸다고 하자. 설사 그가 6펜스만 썼다 하더라도 그는 그것만이 비용의 전부라 생각해선 안 된다. 왜냐면 그는 그 외에도 5실링을 낭비하거나 포기한 거나 다름없기 때문이다."

이 이야기는 1848년에 클로드 F. 바스티아의 에세이 「보이는 것과 보이지 않는 것」에서 더욱 발전되었고, 마침내 1914년 오스트리아 경제학자 프리드리히 폰 뷔저에 의해 '기회비용opportunity cost' 개념으로 각인되었다. 시간이 돈이므로, 돈 버는 일에 시간을 쓰지 않고 '엉뚱한' 일만 하면 그 엉뚱한 일을 하느라 든 직접비용만이 아니라 원래 그 시간에 벌어야 할 돈까지 벌지 못한 간접비용이니, 이중의 손해(기회비용)를 본 셈이다. 이런 논리다. 어디서 많이 듣던 소리 아닌가? 그렇다. 오늘날 수많은 우리 노동자의 이야기이기도 하다.

"노동시간 단축해서 집에 일찍 가모 뭐 하노? 집에 가서 애들하고 뭐 사 먹으며 놀거나 백화점 같은 데라도 가서 외식이나 하모 돈만 많이 쓰제? 안 그라고 회사로 출근해 일을 더 하모 잔업 수당을 50%씩이나 더 받은께 돈이 좀 된다 아이가? 주말에 쉬지 않고 고마 특근을 한 바리만 더 뛰모 애들 학원비가 다 빠진다니까."

그러나 낙담하지 마시라. 또 다른 시간의 결도 있다. 삶의 시간이다. 이것을 잘 표현한 소설이 있는데, 독일 작가 미하엘 엔데(1929~1995)가 1973년에 쓴 『모모』다.

모모는 꼬마지만 특별한 재주가 있었다. 타인의 말을 잘 들어주는 게 그 재주였다. 아무것도 아닌 것 같지만, 이는 결코 쉬운 일이 아니다. 특히 모모는 사람의 말만이 아니라 개나 고양이, 두꺼비나 귀뚜라미, 심지어 빗소리나 바람소리에도 귀를 기울였다. 모모는 뭇 생명과 소통을 한 셈이다.

모모는 시간을 돈으로 보지 않았다. 사람이나 자연의 말에 귀를 기울인다는 것은 생명의 흐름에 참여하는 것이다. '효율성'을 위해 시간을 절약한답시고 타자의 말을 끊지 않았다. 여기서 시간은 생명의 흐름, 한마디로 삶이다.

모모의 눈에는 달력이나 시계는 큰 의미가 없다. 시간은 길이보다 흐름이 중요하기 때문이다. 그 흐름 속에서 우리가 무엇을 경험하는지가 중요할 뿐이다. 시간은 삶이자 생명이며 우리 마음속에 존재한다.

그렇다. 우리는 지금 여기에 존재한다. 존재한다는 게 무엇인가? 과거와 현재, 그리고 미래라는, 연속적인 시간 속에 생명의 에너지로 함께 흘러가는 것이다. 느끼고 생각하고 관계하고 행동하는 그 모든 에너지의 흐름 속에 존재할 때 비로소 우리는 사회적 존재가 되고 의미 있는 존재가 된다.

"편견을 가져서는 안 돼요. 원주민의 오랜 관습에 진리의 핵심이 담겨 있는 경우가 종종 있으니까." 모모와 아이들이 놀이터에서 놀면서 나눈 모험 이야기 속에 나오는 아이젠슈타인 교수의 말이다. 사실 이것은 모모의 말이기도 하고, 작가 M. 엔데의 말이기도 하다. 편견이나 선입견 없이 경청하고 그 의미대로 해보는 것, 그것은 모험 이야기 속에서 폭풍우를 잠재우는 작은 기적을 일으키기도 한다. 우리가 공부하는 이유 중 하나도 바로, 편견이나 선입견으로부터 자유로워지는 것이라 하지 않던가.

청소부 노인 베포가 모모에게 말해준다. 길 청소를 할 때 아무리 긴 도로라도 급하게 서두르지 않아야 한다고. 그러면 마음이 초조해지고 불안해진다고. 그러지 말고 조금씩, 천천히, 즐겁게 쓸다 보면 어느새 다 하게 된다고. 그래서 현재를 즐기는 게 중요하다고 말이다.

모모의 이웃, 청소부 노인 베포가 가진 삶의 철학이다. 아무리 긴 시간, 많은 일이 쌓여 있어도, 한 걸음씩 한 호흡씩 즐기면서 천천히 해나가면 어느새 모두 할 수 있다. 시간의 흐름 속에서도 특히 현재에 집중해 즐기는 것이다. 여기서는 효율이 아니라 호흡이 중요하다. 효율이 돈이라면 호흡은 삶이다. 효율이 죽음이라면 호흡은 생명이다.

(죽음을 뜻하는) 효율이 (생명을 뜻하는) 호흡을 망가뜨리는 장면의 극치는 시간 저축 은행원들인 회색 신사들의 등장이다. 영업 사원이 말한다.

시간은 곧 돈이니 아껴야 한다고. 놀지 말고 일하라고.

일도 예전보다 더 빨리 하라고. 잡담 같은 것은 하지 말라고. 노인을 직접 돌보는 대신 요양원에 보내고 일을 하라고. 노래나 명상, 독서나 친구 만나기 따위는 시간 낭비라고.

이 모든 충고는 다시 18세기 B. 프랭클린의 말로 돌아간다. "시간은 돈이다." 그러니 시간 낭비는 죄악이다! "일하지 않는 자여, 먹지도 말라!" 그리하여, '무노동 무임금'이란 프로테스탄티즘(청교도)의 구호는 우리 자신의 신념처럼 내면화했다. 그 결과 영국의 E. P. 톰슨Edward Palmer Thompson이 1967년 한 논문(「시간, 노동규율, 산업자본주의」)에서 강조했듯이, 새로운 시간규율을 내면화하면서 노동자들은 노동(시간)을 없애기 위한 싸움을 더는 하지 않고, 이제는 (적정) 노동시간을 위한 싸움을 하게 된다. 즉 "시간에 대항해서가 아니라 시간에 관하여 투쟁하기 시작했다." 같은 맥락에서 파업 시 임금 지급은 불법이다. 이제, 일하는 시간, 돈 버는 시간(자본을 위한 시간)만이 바르게 사용된 시간이다. 일하지 않는 시간, 공부하지 않은 시간, 돈 벌지 못하는 시간은 낭비다.

"네가 잠든 사이 경쟁자의 책장 넘기는 소리가 들리지 않는가?" 또는 "(열심히 공부하여 일류대 입학하면 나중에) 강남엔 내 집 마련, 주차장엔 페라리." 오죽하면 고등학교 교실에 이런 급훈이 나왔겠는가? 이 모든 이야기는 미래의 돈(성공)을 위해 현재의 삶(행복)을 포기하게 만든다.

오늘 우리 삶은 이 두 결의 시간이 대립한다. 자본과 생명의 대립이 '시간 적대'로 나타난 셈이다. 생명의 논리와 자본의 논리가 변형되었다. 물론 생명의 논리가 자본의 논리에 저항하기도 하지만, 자본의 논리는 권력의 힘을 업고 생명의 논리를 무참히 박살 내려 한다. 이제 계급 적대는 시간 적대로 현상한다.

자본은 시간을 압축하고 밀도를 높여 이윤율을 높이려고 발버둥 친다. 그러나 세상에 가장 어리석은 일 중 하나가, '자기 무덤을 자기가 파는 일'이 아니던가. 자본은 자기도 모르는 사이에 자기 무덤을 판다. 세계시장이 급속도로 포화 상태로 치달았고, 원료나 에너지도 급속히 고갈된다. 실업자와 비정규직을 대량 생산하면서 구매력을 급속히 떨어뜨렸다. 한쪽에서는 산더미처럼 많이 만들지만, 다른 편에서는 별로 팔리지 않는다. 은행 이자가 제로로 치닫고 재벌들이 수백 조의 사내유보금을 쌓아두는 배경이다. 효율(축적)의 논리가 자가당착이 되어 호흡(흐름)을 방해한다. 자본은 이런 통찰에 귀를 기울이지 않는다. 자본은 모모와 전혀 다르기 때문이다. 오히려 허튼소리만 무한 반복한다. "조금만 더 일하면 선진국 된다. 조금만 더!" 이제 우리에게 남은 것은 무덤 앞에 선 좀비 시스템을 구덩이 속으로 살짝 떠미는 일이다.

비록 생명의 논리가 자본의 논리를 압도적으로 굴복시킬 힘은 없지만, 생명의 논리가 자본의 논리에 '자발적 복종'을 하지 않고 스스로 꿈틀거리며 더불어 어깨를 거는 한, 좀비가 되어버린 시스템을 구덩이로 떠밀어 넣는 일은 그리 어렵지 않다. 이제 생명의 시간이 빛을 발할 때다. 우리 자신이 생명의 철학, 삶의 철학으로 무장하는 만큼 가까워지는 법!

UCLA 앤더슨 경영대학원Anderson School of Management이 미국인 1,226명을 대상으로 질문을 던졌다(《파이낸셜뉴스》, 2016.6.13). "여가 없이 돈을 벌 것인가, 아니면 돈을 포기하고 여가를 선택할 것인가?" 60.9%는 돈을 선택했고 30.1%는 시간을 선택했다. 앞서 말한 한국인의 정서와 별반 다르지 않다. 사실 여유로운 삶도 돈이 있어야 가능하지 않은가? 그러나 행복과 삶의 만족도를 조사해 분석한 결과, 돈을 선택한 이들보다 시간을 선택한 이들이 행복했다. 돈을 선택한 이들이 많이 버는 것에 집중한다면, 시간을 선택한 이들은 어떻게 쓸 것인가에 집중했다.

그런데 돈이 충분히 있어도 쉬지 못하고 놀지 못하는 이들은 어떻게 설명할 것인가? 중독addiction이 문제다. 돈 중독, 일 중독, 출세 중독, 권력 중독, 성장 중독이 바로 그것이다. '충분함'을 모르는 상태다. 중독은 왜 생기는가? 내면의 공허함emptiness 때문이다. '참을 수 없는 존재의 가벼움'이 바로 그 실체다. 속이 허하니 외부로부터 뭔가 채우려는 것이 중독의 핵심이다. 속이 허하다는 건 무엇인가? 내면의 느낌feeling으로 표현되는 인간적 필요나 욕구needs, 즉 진심으로 원하는 것을 모르거나 억압한다는 뜻이다.

사태의 진실이 이러하다면 이제 우리는 우리의 공허한 내면을 삶의 시간으로, 생명의 시간으로 채워나가야 한다. 내면의 느낌과 필요에 귀를 기울여야 한다. 진심으로 원하는 것을 존중하고 경청하고 신뢰하면 된다. 그러나 이게 어디 쉬운 일인가? 뭐든지 저절로 되지는 않는다. 게다가 우리의 오래된 '마음의 습관' 또한 장벽이다.

그래서 일단 뒤틀린 현재의 모습을 직시하고 스스로 자유로워지는 것(자기 해방)이 출발점이요, 그다음은 생명의 시간이 옳다고 생각하는 이들부터 먼저 생명의 시간을 온전히 음미하고 향유하는 연습을 함께 해나가야 한다(상호 연대). 온전한 삶의 시간을 더불어 살갑게 누리는 것, 이것이 바로 우리의 몫이다. 나아가, 그렇게 삶의 시간을 알차게 누리는 실천을 하면서도, 우리 사회 구성원 누구나 삶의 시간을 온전히 누릴 수 있게끔 사회 구조를 바꿔가야 한다(사회 해방). 사회적 실천과 운동, 이것이 절실하다.

구체적으로 노동시간 단축을 넘어 삶의 시간 확장, 삶의 시간 계획과 신바람 나는 프로그램 만들기 등을 가능케 할 노동 및 경제 시스템, 돈을 많이 벌지 않아도 인간답게 살 수 있게 하는 공동체 복지, 점수 따기 식 공부가 아닌 꿈과 개성을 살리는 공부를 돕는 교육 시스템 등을 함께 구축해야 한다. 이를 위한 사회운동이 성장하는 만큼 자본의 시간도 서서히 사라질 것이고 좀비 같은 시스템을 땅속에 파묻는 일도 쉬이 가능할 것이다. 자기 해방에서 상호 연대로, 또 사회 해방으로 진전해야 한다. 바로 그 길 위에서, 시간은 더 이상 돈이 아니라 삶이 된다. 이런 식으로, 민주주의를 향한 혁명은 즐겁게 계속되어야 한다.

물신주의를 넘어 공존공생으로

어느 40대 여성 A씨가 있다. 사랑하는 남편과 아이들과 함께 소박하게 또 성실히 살아왔다. 아이들을 키우면서 그간 다니던 직장도 그만두었다. 남편이 벌어오는 돈과 자신의 퇴직금을 은행에 맡기자니 이자가 너무 적다. A씨는 여윳돈을 어떻게 굴릴까 고민하던 차에 우연히 인터넷에서 '고수익' 투자 기회를 발견했다. 신도시 등 부동산 개발에 투자하는 펀드였다. 잘만 되면 매일 비지땀 흘리는 남편보다 더 많은 소득을 올릴 것이라며 장밋빛 재테크의 꿈에 가슴이 부풀었다. 인터넷 사이트에서 알게 된 것이라 의구심이 일기도 했다. 하지만 이미 여러 차례 현장 답사도 해보았고 관련자들도 박학다식하고 성실해 보여 약간 안심했다. 특히, 유명인까지 나온 케이블 TV에서 관련 내용이 소개되는 걸 본 뒤 확신이 갔다. 이래저래 총 3억 정도 투자했다. 그런데 어느 날 그 투자 회사 대표가 사기죄로 구속되는 뉴스를 보게 된다. TV 화면에 '재테크 다단계 사기'라는 자막이 뒤통수를 때린다. 하늘이 무너지는 느낌, "삶을 모두 도둑맞은 기분"이었다.

어느 60대 남성 B씨가 있다. '부동산 투자'에 관한 책을 쓰기도 하고 대학에서 학생들을 가르치기도 했다. 마음이 맞는 친구들과 영농법인을 설립한다. 한편으로 기계농, 기업농, 화학농으로 수익성 높은 농업 경영을 하기 위해, 다른 편으로는 농가주택이나 전원주택 등 농어촌 지역에서 부동산 개발 사업을 하기 위해서다. 전반적 경기 침체 속에서도 전국 곳곳에 혁신 도시들이 건설되면서 부동산 개발 수요는 꽤 크다. 특히 아파트 같은 공동주택에 싫증을 느낀 중산층 이상의 부자들을 상대로 숲속에 꿈같은 전원주택 단지를 건설하면, 그야말로 고수익이 실현될 것이다. 그래서 B씨는 구글 지도 검색을 통해 누군가 조상 대대로 물려받아 소유해온 경관 좋은 산지들을 귀신처럼 찾아낸다. 그러고는 잘 아는 설계사무소에서 땅 주인도 모르게 전원주택 단지 개발 디자인을 한다. 수십 채 깔끔한 집이 모인 단지다. 원래 보전녹지 지역은 환경과 임야 보전을 위한 개발 규제가 있다. 그 용도가 단독주택이나 학교, 종교시설 등 특수한 목적이 있어야 하고, 규모는 최대 5,000평방미터까지 가능하며 산지 경사도는 17.5도 이하여야 한다. 진입로도 6미터 폭의 도로가 있어야 하며, 법정도로로부터 표고도 50미터 이내여야 한다. 현실적 조건상 개발 자체는 어렵게 생겼다. 그러나 별걱정을 하지 않는다. 개발행위 허가 담당 공무원들과 '좋은' 관계만 맺으면, '누이 좋고 매부 좋은' 프로젝트를 성사할 수 있다고 보기 때문이다. 하지만 이 프로젝트의 성공은 부정부패, 농지·산림 훼손과 생태계 파괴, 선주민과 투자자에 대한 속임수를 기반으로 할 것이다.

어느 50대 변호사 C씨 이야기도 있다. 굵직굵직한 사건을 맡아 승소하게 해주는 대가로 건당 수억에서 수십억을 챙긴다. 물론 법의 논리를 적절히 따르는 듯하지만, 사실은 C씨 자신이 거물급 판(검)사 출신이기 때문에 '전관예우'라는 비논리를 활용하거나 사건 담당 판사와 대학 '선후배'라는 관계를 오·남용한다. 그리하여 억울하게 패소하는 사람(들)을 무수히 만들어내는 대가로 C씨는 호화 방탕한 생활을 하며 급속히 재산을 늘려간다. 심지어 누군가에 의해 고발을 당해도 미꾸라지처럼 잘도 빠져나간다.

이런 식이다. 이게 현실이다. 그러나 우리가 사람인 것은 인간성이 살아 있어서고, 자연이 자연인 것은 야생성이 있기 때문이다. 그런데 인간성과 야생성은 돈 또는 탐욕 앞에서 무참히 말살된다. 이렇게 사람이 돈의 논리로 무장한 것이 속물주의 내지 물신주의다. 속물은 모든 걸 돈으로 본다. 관직도 돈이고 시간도 돈이다. 생명과 밥상을 살리는 땅조차 그들에겐 평당 얼마로 환원되는 부동산일 뿐이며, 사랑의 보금자리인 집도 고수익을 남기는 투자 대상일 뿐이다. 속물주의는 '경자유전' 원칙을 규정한 헌법 정신마저 부순다. 속물들은 사람들에게 땅에 투자하면 속지 않는다는 뜻으로 '땅은 거짓말을 하지 않는다'고 외친다. 속물들은 공직자 청문회에 나와 '땅을 사랑하기 때문에' 시골에 농지를 사놓았다고 뻔뻔스레 말하곤 그래도 양심은 있었던지 스스로 어색한 미소를 짓기는 한다.

과연 우리는 속물주의에서 해방될 수 있을까? 속물주의는 마음의 습관이기도 하지만, 자본이 만든 제도이기도 하다. 사람들이 속물주의에 죄책감이나 수치심을 느끼기보다 당당함을 느끼는 것도 이미 자본(돈벌이 논리)을 내면화했기 때문이다. 인간의 자연성인 내면의 본성, 즉 영혼의 자유를 회복하고 사람과 사람, 사람과 자연이 어우러진 새 세상을 열려면 이 속물주의와 부단히 투쟁해야 한다. 알콩달콩 소중한 우리네 삶을 도둑맞지 않기 위해서다.

팔레스타인의 저항시인 마흐무드 다르위시(1941~2008)는 "힘과 권력, 탱크와 자살 테러가 아니라 모든 여성적인 것들이 우리를 구원하리라고 예언"했다. "그에게 구원이란 사물이 저마다 원래의 본성으로 되돌아가는 것이다"(박혜영, 『느낌의 0도』). 그렇다. 자본이나 전쟁으로 도둑맞은 고유의 본성을 되찾아 오는 것이 평화요 구원이다.

그러니 지금부터라도 속물주의를 넘어 모두가 공동체의 일원으로 새롭게 태어남으로써 공존공생conviviality을 추구할 필요가 있다. 서로 존중하고 서로 살리는 사회, 네가 있어야 나도 있다는 '우분투' 정신, 바로 이런 것들이 더불어 행복한 삶을 보장한다. 그래야 이 땅에 참된 민주주의와 행복한 삶이 가능할 게 아닌가.

세상에서 가장 아름다운 나의 마을

고바야시 유타카 작가의 『세상에서 가장 아름다운 나의 마을』은 제목만 보아도 마음이 따뜻해진다. 세상에서 가장 아름답다는 마을에 대한 만족스러움과 기쁨이 느껴지기도 하고, 또 자신이 사는 마을이 그렇다고 하니 자부심이나 긍지가 느껴지기도 한다. 아프가니스탄의 파구만 마을에 관한 이야기다. 1985년경 나온 책이다.

책을 펼치면 봄의 풍성하고 온화한 풍경이 두 눈을 꽉 채운다. 자두나무, 벚나무, 배나무, 피스타치오 나무가 나지막한 집들과 자연스럽게 어울려 마치 오케스트라 합창단이 아름다운 노래를 부르는 듯하다. 여름이 오자 사람들은 가족과 더불어 살구, 자두, 버찌를 딴다. 주인공 야모는 노래를 부르며 자두를 따서 바구니에 담는다. 할룬 형은 안타깝게도 군인이 되어 전쟁터에 가고 없다. 그래서 형 대신 아빠를 도와 당나귀 뽐빠를 타고 읍내 장터로 간다. 과일을 팔러 가는 것이다. 장터로 가는 길도 정말 예쁘다. 길도 좋고 공기도 맑고 과일나무들도 방긋 웃는 듯하다. 게다가 온 동네 어른들도 "많이 팔고 오라"고 반갑게 인사한다. 큰길로 나서니 낙타도 지나가고 버스나 트럭도 지나간다.

뜨거운 태양을 벗어나 장터에 이르니 벌써 사람들로 북적인다. 양도 팔고, 콩도 판다. 고기나 빵 굽는 냄새, 양탄자와 책 냄새가 괜스레 가슴을 설레게 한다. 아빠는 한 곳에서 자두를 팔고 야모는 읍내를 돌며 버찌를 팔기로 한다. 혼자 가기 겁났지만, 다행히 당나귀 뽐빠가 읍내 지리를 더 잘 알기에 따라다니기만 하면 되었다. 여기저기 다녀도 목만 아프고 잘 팔리지 않았다. 아 그런데 이게 웬일? 작은 여자아이가 "파구만 버찌 주세요!"라며 마수걸이를 해준다. 그 뒤로 야모의 버찌는 날개 돋친 듯 팔려나갔다.

그사이에 한쪽 다리가 없는 아저씨가 다가왔다. "얘야, 나도 다오. 나도 한때 파구만 가까이서 과수원을 했단다. 그 시절이 그립구나."

야모는 깜짝 놀라 물었다. "아저씨는 전쟁터에서 돌아오셨나요?"

아저씨가 말했다. "그래, 전쟁으로 한쪽 다리를 잃었단다."

이 말에 야모의 가슴이 덜컹했다. 군대에 간 할룬 형이 생각났기 때문이다.

그렇게 야모는 버찌를 다 팔고 아빠에게 달려갔다. 아빠와 점심을 먹으며 어른들 이야기를 들었는데, 남쪽 지방에서 전투가 심하다고 했다. 그래도 형이 봄이 되면 건강하게 돌아올 것이라 믿었다.

오후에 아빠는 자두를 다 팔고 "깜짝 놀랄 일"을 하나 만들었다. 과일 판 돈으로 양을 한 마리 산 것이다. 새하얀 새끼 양은 정말 예뻤다. 그렇게 야모는 아빠랑 당나귀랑 새끼 양이랑 다시 집으로 돌아왔다. 새끼 양 이름은 바할이라 지었다. 봄이란 뜻이다. 봄에 형이 돌아온다는 소망도 담겨 있다.

그러나 그해 겨울 파구만 마을도 (소련의 침공과 내전으로 인한) 전쟁 때문에 파괴되고 말았다. 지금은 아무도 없다. 책을 덮으면서 가슴이 먹먹하다.

아, 과연 「빼앗긴 들에도 봄은 오는가」라는 시가 생각난다. 전쟁으로 파괴된 마을, 언젠가 다시 그렇게 멋지고 아름다운 마을이 복원되겠지만, 얼마나 오랜 세월이 흘러야 할까? 그 사람들과 나무들, 동물들은 다 어디로 갔을까?

1979년 12월에 소련군이 침공해서 처음 전쟁이 났고 내

전으로 이어졌다. 그런데 2001년엔 미군이 침공해서 다시 전쟁이 나 아프가니스탄 전체가 황폐화했다. 무려 500만 명이 고향을 떠나 난민이 되어야 했다. 이 파구만 마을 이야기는 몇 가지 생각거리를 던진다.

첫째, 파구만 마을은 곧 우리 어른들이 살던 농어촌 마을과 같이 자연과 사람이 어울려 살던 곳이다. 한국은 산업화로 마을이 파괴됐는데, 파구만 마을은 전쟁으로 파괴되었다. 하기야 우리의 마을들도 1950~1953년의 한국전쟁 때 많이 파괴되긴 했다. 사람도 많이 죽었다. 대략만 따져도 남한 250만, 북한 200만, 미군 5만, 중국군 100만 등이 전쟁으로 죽은 사람들이고, 수백만 명이 난민이 됐다. 더욱 근본적으로, 산업화와 독점화는 전쟁을 낳는다. 산업화와 전쟁이 별개가 아닌 셈이다. 산업화(근대화) 자체가 생명에 대한 전쟁이다.

둘째, 과일을 팔아 양을 사는 야모네 가족 이야기는 생명 살림의 순환적 경제를 이야기한다. 달리 보면, '똥이 밥이고 밥이 똥'인 그런 순환형 살림살이다. 여기서 돈은 순환을 돕는 피의 역할을 할 뿐, 축적을 통해 한 곳에 쌓이는 피떡이 아니다. 혈관을 도는 피가 잘 돌면 사람의 건강이 유지되지만 피떡이 뭉쳐 한 곳에 박히면 동맥경화가 일어나 생명이 위험해진다. 생명 순환의 살림살이 경제는 사람과 자연을 살리지만, 축적과 독점을 추구하는 돈벌이 경제는 '돈맥경화'를 초래함으로써 사람과 자연을 죽인다.

셋째, 소련이건 미국이건 힘(권력)의 논리 위에 강대국을 추구하는 세계적 경쟁은 인류 전체를 위해서도 바람직하지 않다. 김종철 선생의 『발언 I』에 나오듯, "권력은 본질적으로 개인의 자유와 자발성에 대하여 적대적"이기 때문이다. 나아가 오늘날 지구 자본주의는 온 세상을 하나의 시장, 하나의 공장으로 만든다. 독점적 이윤 추구를 위해서다. 그 과정에서 그간 각 나라에서 구축된 민주주의나 복지 체제는 파괴되거나 훼손된다. 민주주의의 퇴행이 이뤄진다. 바람직한 것은 각 나라가 민주적으로 발전하고 사회경제적으로도 골고루 발전하는 것, 생태적으로도 지속할 수 있게 발전하는 것이다. 그 위에서 각 나라가 서로 형제자매처럼 서로 돕고 살아야 비로소 세계 평화가 온다.

하지만 특정 나라 또는 특정 기업, 나아가 국적도 없는 초국적 자본이 온 세상을 자기 지배 아래 두면서 독점적인 돈벌이만을 추구한다면, 세계는 평화보다 전쟁 속에 휩싸인다. 결국 이 이야기는 세계 평화를 이루기 위해서라도 아름다운 마을들이 세상 곳곳에서 활기차게 꽃을 피워야 함을 역설하고 있는 게 아닐까?

그렇다면 오늘날 시점에서 아름다운 마을은 어떻게 가능

할까? 우선은 나부터 그리고 더불어 자본이나 권력으로부터 '영혼의 자유'를 회복해야 하고, 다음으로는 제임스 리빙스턴 교수가 『노 모어 워크』에서 말하듯 "(타인을 위한 노동, 즉) 고용으로부터 소득을 분리"하여 임금 노예제를 철폐해야 한다. 우리가 자신도 모르게 '동일시'해온 노동(직업, 직장)과 거리를 벌여 나가야 한다. 이런 면에서 사회구성원이면 누구에게나 일정액을 지급하는 '기본소득' 개념은 (기존의 사회복지와는 좀 다른 차원에서) 중요한 대안이다. 물론 이 역시 상품 가치 내지 화폐 가치를 넘어선 것이 아니기에 여전히 갈 길은 멀다. 특히 로랑 드 쉬테르 교수가 『마취의 시대』에서 경고했듯이, 복지제도나 기본소득이 마치 코카인처럼 "(사람들이) 우울증이나 신체장애로 힘들어하고 있을 때, 그 고통을 아무것도 아닌 것으로 여기도록" 하는 마약 역할을 할 수 있기 때문이다. 중요한 점은 우리가 노동사회의 덫에서 빠져나가면서도 또 다른 덫에 갇히지 않기 위해 늘 깨어 있어야 한다는 것이다. 그 위에 세계 평화를 위해서라도 군비경쟁이나 부국강병 논리를 버리고, 풀뿌리 민주주의와 살림살이 경제를 꽃피우는 것이 우리 모두의 책임으로 부각된다.

에필로그

'나부터' 그리고 '더불어' 민주 시민으로 살기

18, 19세기 독일의 문호 괴테는 『빌헬름 마이스터의 수업시대』에서 인간답게 사는 것을 이렇게 말했다. 그것은 매일 좋은 음악을 듣고 좋은 시 한 편을 읽으며, 훌륭한 그림 하나를 보는 것이다. 게다가 가능하면 '이치에 맞는 말 몇 마디'면 충분하다. 《녹색평론》 김종철 선생의 『발언』에 나오는 이야기다. 사실 잘산다는 게 별건가?

그런데 21세기의 우리는 '말도 안 되는 소리'를 갈수록 많이 경험한다. 예를 들면, '내 땅에 아파트 짓겠다는데 당신이 뭐냐'며 주변의 문제 제기를 묵살하고, '유치원이나 어린이집은 사유재산이니 국가가 사용료를 내라'는 시장 논리도 위풍당당 활보한다. 일하는 사람들의 고통과 권리에 귀를 기울이라는 민주노총에 '법치나 경제를 망치는 암적 존재'란 낙인도 떨어진다. 실은 사람과 자연을 무참히 파괴하는 돈벌이 중독 경제야말로 암적 존재다.

이치에 맞는 말을 하며 살기 위해서라도 제대로 배워야 한다. 교육이 중요한 까닭이다. 숙명여고 시험지 유출 및 성적 조작 충격이 엊그제 같은데 그 비슷한 내용을 다루는 드라마 〈스카이캐슬〉이 관심을 끌었다. 이치에 맞는 말도 있지만, 인륜에 반하는 말도 많다.

일례로 공부하기 싫어하는 아이를 닦달하여 반드시 SKY 의대에 넣고 싶은 엄마가 있다. 아이는 엄마가 밉지만 거부하기 힘들다. 번뇌하는 아이에게 고액 과외교사(코디)가 이런 취지로 말한다. "엄마에게 제대로 복수하려면 이를 악물고 SKY 의대에 합격하라. 그 합격증을 엄마에게 선사한 뒤 엄마가 기뻐하는 그 순간에 엄마를 버려라. 상대가 웃는 바로 그때 큰 절망을 안기는 것이 최고의 복수다." 복수와 증오를 학습 동기로 삼다니, 참담하다. 과연 물신주의가 팽배한 이 사회에서 인간성의 왜곡은 어디까지 치달을 것인가?

일류대 강박증에 빠져 헤어날 줄 모르는 부모들을 용감

하게 골려주는 '가짜' 하버드대생도 있다. '가짜'임이 밝혀지자 부모, 특히 평생 승승장구한 아빠는 멘털 붕괴이지만, 정작 본인은 당당하다. "남들이 알아주는 게 뭐가 중요해? 내가 행복하면 그만이지." "엄마아빠는 날 사랑한 게 아니라 하버드생 ○○○를 사랑한 거겠지." 괴테가 말한 이치에 맞는 말 몇 마디란 바로 이런 것일 게다.

세상은 피라미드처럼 생겼기에 한사코 높은 곳으로 올라야 잘살 수 있다고 확신했던 부모에게 아이가 말한다. "세상이 왜 피라미드야? 지구는 둥근데 왜 피라미드냐고!" 또 친구가 누명을 쓰고 감옥에 있는데, "이 기회를 틈타 내신 성적을 올려라."고 말(?)하는 부모에게 아이가 말한다. "○○는 내 친구라고요, 내 친구! 친구가 억울하게 잡혔는데 지금 내신등급 올라가게 공부만 하라고요?"

기성세대라고 말도 안 되는 소리만 하는 건 아니다. "사막에서 사람이 쓰러지는 건 갈증이나 더위 때문이 아니라 조바심 때문이래요." "경쟁은 자기 자신하고 하는 거지. 남하고 하는 경쟁은 사람을 외롭게 만들거든. 외롭지 않은 인생을 사는 게 성공이야." 맞는 말이다.

어른이건 아이건 이치에 맞는 말과 아닌 말, 모두 한다. 핵심은 인간(생명)의 가치를 저버리고 경쟁(자본)의 가치에 심신을 내맡기느냐 여부다. 경쟁의 가치란 상품의 가치, 화폐의 가치다. 물론 〈스카이캐슬〉은 이런 말을 직접 하진 않지만, 이게 사태의 본질이다. 상품 물신, 화폐 물신, 자본 물신과의 싸움에서 처음부터 알아서 길 것인가, 아니면 인간(생명)의 가치를 지키기 위해 살아 있는 한 끝까지 싸워볼 것인가?

아들이나 며느리에게 의사나 SKY를 강요하는 어머니도, 그 부모 말에 순종하며 최고가 되고자 애쓰는 자녀도, 실은 그 내면에 거듭 상처(트라우마)가 쌓인 존재들이다. 이 희생자들이 그 상처를 딛고 건강하게 일어서지 못하면, 피해 의식의 포로가 된다. 이들은 한편으로는 두려움에 다른 편으로는 열등감에 시달리며, 생존전략으로 '강자 동일시' 심리를 내면화한다. 희생자가 가해자로 둔갑하게 되는 이치다.

2018년에 나온 '서울대 학생복지 보고서'에 따르면, '목숨 걸고' 들어간 서울대학교에서 그 재학생들은 2명 중 1명꼴로 우울증을 겪는다. 일반적으로 '스카이'에 다니는 학생들은 진정 행복하거나 눈에 빛이 날 듯하다. 그러나 이 보고서는 우리의 기대를 배반한다. 자기 삶의 주인이 아니면 결국 병든다는 이치! 〈스카이캐슬〉이 말하지 않지만 말하는 것이다. 실은 부모와 아이들이 '목숨'을 걸 때부터 불행은 예고된다. 왜냐면 정작 걸어야 하는 것은 목숨이 아니라 자기만의 꿈이기 때문이다.

다만 그 꿈이 나 혼자 출세하기, 부자 되기가 아니라 공생, 공감, 공존의 원리를 담아낼 때 자신과 사회의 행복에 기여한다. 위 김종철 선생은 『발언 Ⅱ』에서 "이른바 잘난 사람, 출세하고 성공한 사람들, 권력자들일수록 타인의 고통과 불운에 대한 무관심 내지 둔감성은 유별나다"고 했다. 이들은 자신의 고통조차 억압함으로써 불감증에 빠져 있다. 그래야 출세와 성공이 가능했기 때문이다. 그러나 피라미드 질서를 당연시한 채 앞만 보고 달릴 때 우리 스스로 얼마나 인간적 퇴행을 하는지 〈스카이캐슬〉은 고발한다. "병원장이 아니라 그냥 어머니 아들로 충분하지 않은가요?"라는 중년 의사의 고백은 일종의 자기 해방 선언이다. 한 번뿐인 인생, 스스로 만든 감옥을 탈출해 자유를 향유하라. 화려한 '캐슬'에 살지 않아도, 사람들끼리 인간적 대화를 나누며 외롭지 않게 사는 게 인생의 성공이다.

하지만 그러기 위해서라도 '나부터', 그리고 '더불어' 노력할 것이 있다. 그것은 우리가 정치/경제, 사회/문화, 교육/종교 등 삶의 모든 영역에서 기존의 상품 가치나 화폐 가치에 종속된 느낌이나 생각, 행동을 극복하고 인간 가치나 생명 가치를 구현하는 느낌, 생각, 행동을 하나씩 해나가는 것이다. 요컨대 우리를 억압하는 시스템을 지지, 옹호, 유지하는 데 도움을 준 우리 자신의 느낌, 생각, 행동을 반성적으로 성찰함으로써 사람과 자연의 생동성을 존중하는 새 시스템을 만들어가야 한다. '이치에 맞는 말 몇 마디'는 이래서 중요하다.

즉 그간 자본의 시스템이 요구하는 가치들을 내면화해 온 인간 주체들이 먼저 자유로워져야 한다. '영혼의 자유'에 기초한 자율성, 연대성, 성찰성이 인간다운 사회를 구현할 주체적 조건이다. 이 사람됨의 윤리(인륜)를 근거로 우리의 일상 전반을 근본적으로 바꿔야 한다. 이 아래로부터 힘들이 무르익어 시스템 변화를 이뤄낼 때, 참된 민주주의, 곧 생동성 민주주의가 구현된다. 이미 우리는 2016~2017년의 촛불광장에서 그 살아 있는 힘을 생생하게 확인했다. 이 촛불광장의 평화행진이 '부단히' 또 '즐겁게' 계속돼야 한다. 일찍이 D. H. 로렌스(1885~1930)는 '제대로 된 혁명'을 이렇게 노래했다(박혜영, 『느낌의 0도』).

혁명을 하려거든 재미로 하라
섬뜩할 만큼 심각하게 하지 말고
죽을 만큼 진지하게 하진 마라
그저 재미로 하라

(……)

지금껏 너무나 많이 해온 것이 노동이다
우리 이제 노동을 폐지하자, 노동하는 짓을 그만두자!
일은 재미날 수 있고, 사람들은 일을 즐길 수 있다. 그러면
일은 노동이 아니다.
우리, 노동을 그렇게 하자!
우리, 재미를 위해 혁명을 하자!

●

과연 우리는 속물주의에서 해방될 수 있을까?

속물주의는 마음의 습관이기도 하지만,

자본이 만든 제도이기도 하다. 사람들이 속물주의에

죄책감이나 수치심을 느끼기보다 당당함을 느끼는 것도

이미 자본(돈벌이 논리)을 내면화했기 때문이다.

인간의 자연성인 내면의 본성, 즉 영혼의

자유를 회복하고 사람과 사람, 사람과 자연이

어우러진 새 세상을 열려면 이 속물주의와

부단히 투쟁해야 한다. 알콩달콩 소중한

우리네 삶을 도둑맞지 않기 위해서다.

●